투자자의 생각을 읽어라

투자자의 생각을 읽어라

스타트업의 투자유치와
성공을 위해

전화성
이은영
지음

이콘

목차

◆

프롤로그

2012년, 초기 기업에 처음 투자를 한 건 액셀러레이터Accelerator, AC 로서 라기보다는 사회 환원 차원의 '기부'라는 마음으로 시작했습니다. 당시에 몇몇 스타트업 대표가 찾아와 "저와 친구가 함께 창업했어요. 도와주세요"라고 말하면 창업하는 친구들의 이야기를 들어보고 이들의 절실함과 열정에 신뢰를 갖고 투자했습니다. 물론 투자를 하면서도 '투자회수'는 기대하지 않았죠. 기부하는 마음으로 단 1장의 계약서와 보통주만으로 투자했습니다.

처음 투자를 했던 2012년부터 2018년까지 여전히 극초기 기업 투자에 대한 제 생각은 '기부'라는 생각이 훨씬 강했습니다. 큰 금액은 아니었지만 투자를 했고, 투자한 스타트업 창업자에게는 제가 사업하며 쌓아 올린 노하우를 공유하면서 성장할 수 있게 물심양면 도왔습니다.

2013년에는 우연한 기회로 미국 샌프란시코에 갔다가, 20여 년 이상 투자업에 종사한 현지 투자자들을 만나게 되었습니다. 당시 미국은 와이콤비네이터, 플러그앤플레이, 테크스타즈, 파이브헌드레드 등 쟁쟁한 액셀러레이터들이 있었는데 저는 이들이 투자를 어떻게 하는지, 어떠한 관점을 갖고 스타트업을 바라보는지 궁금했고, 현지 투자자들의 노하우를 들을 수 있겠다는 기대도 있었습니다.

그곳에서 데이비드 김이라는 친구를 만나게 되었는데, 그 친구가 저에게 "각국의 액셀러레이터들이 활약하고 있는데 씨엔티테크가 한국을 대표하는 액셀러레이터로 우뚝 섰으면 좋겠다"라고 말했습니다. 그때 당시만 해도 회사에서 '투자'는 핵심 사업도 아니었고, 투자에 가졌던 생각도 여전히 '기부'였기에 그 이야기를 한 귀로 흘려들었죠.

시간이 흘러 2015년부터 2019년까지 회사의 핵심 사업인 푸드테크 기술을 바탕으로 본격적인 해외진출을 시작했고 홍콩, 대만, 필리핀, 싱가포르, 몽골 등 7개국에 모바일 오더 기술을 성공적으로 도입시켰습니다.

하지만 4~5년 동안 쉴 새 없이 일하고 해외사업에 박차를 가하던 순간 코로나19가 발생했습니다. 모든 리소스와 직원들을 해외로 세팅해 두었지만 모든 게 물거품이 되어버렸고, 그 충격은 엄청났습니다.

20년 전 군생활과 병행하며 사업할 당시의 빚이 9억 원이라 하루

하루 참담했었는데, 이번엔 그때와 비교되지도 않는 타격감에 그저 망연자실했습니다. 그러다 문득 2013년 데이비드 김이 했던 말이 떠올랐습니다. "한국의 액셀러레이터로 우뚝 섰으면 좋겠다…"

저는 다시 조직을 재정비하기 시작했습니다. 해외사업 쪽에 포커스를 두고 인력들을 재배치한 상황이었기 때문에 이들을 다시 국내 푸드테크 사업으로 돌리기에는 어려움이 있었습니다. 이들과 함께 해외사업 대신 집중할 수 있는 새로운 동기부여가 필요했고, 그때 초기 투자 사업인 액셀러레이터를 떠올리게 되었습니다. 그렇게 회사가 액셀러레이터 사업에 온 힘을 쏟고 직원 재교육과 조직 재정비로 새로운 몰입이 이어졌습니다.

당시 조직 정비의 기반이 된 것은 2018년 하반기의 '투자회수'였습니다. 지난 7년 동안 극초기 기업들에 투자했던 금액이 원금의 2.5배 이상이 되어 돌아왔고, 이 금액을 전부 쏟아부어서 씨엔티테크 2호 펀드를 만들었습니다. 그리고 조직 쇄신과 함께 수많은 기업에 투자를 단행했죠.

단기간 많은 투자가 이루어지다 보니 업계의 파급력은 상당했습니다. 전 임직원의 몰입과 과감한 실행 덕분에 자연스럽게 액셀러레이터 업계에서 조금씩 브랜드 인지도가 쌓여갔습니다. 물론 여전히 코로나19로 인해 국내외 상황이 상당히 어려웠지만 저희는 액셀러레이터 신사업에 집중하면서 묵묵히 투자해 나갔습니다.

그렇게 꾸준히 하다 보니 2020년 국내 최다 투자건수 1위를 차지했고, 현재는 4년 연속 1위라는 타이틀을 차지하게 되었습니다.

사실 액셀러레이터 사업은 생각보다 상당히 어려운 비즈니스입니다. 얼마나 어려운지는 벤처캐피털Venture Capital, VC의 사업 운영과 비교해 보면 쉽게 알 수 있습니다.

액셀러레이터, 벤처캐피털은 모두 펀드를 조성하고 해당 펀드를 기반으로 다양한 스타트업에 투자를 합니다. 그런데 저희 같은 액셀러레이터들은 대부분 극초기 기업에 투자하기 때문에 투자 시 70%는 잘 안될 것을 알고도 투자합니다. 하지만 벤처캐피털은 70% 이상 잘될 확률에 투자를 하죠. 아무래도 벤처캐피털 단계의 투자는 스타트업이 어느 정도 성과를 보이고 재무적으로도 유의미한 성장을 보여야 투자가 이루어지니까요. 그에 비해 액셀러레이터는 투자할 때 초기 기업의 30%가 잘 될 것이라는 확률로 투자를 하다 보니 수많은 작은 기업에 1~2억 원 정도의 적은 금액을 투자하게 됩니다.

조금 더 이해하기 쉽게 다음 장의 그림과 함께 설명해 볼게요.

만약 1,000억 원 규모의 동일한 펀드가 있으면 벤처캐피털은 30~40억 원의 금액으로 30개 정도의 기업에 투자해서 수익을 내지만, 저희가 벤처캐피털과 비슷한 수익을 내려면 800개 정도의 기업에 투자를 해야 합니다. 또한 벤처캐피털이 30개 기업에 투자하기 위해 필요한 인원은 7명이라면 액셀러레이터는 200명 정도가 필요하죠.

액셀러레이터 사업을 하면서 이 인건비를 어떻게 감당할 수 있을까요? 결코 쉬운 문제는 아닙니다. 그래서 액셀러레이터 사업은 매우

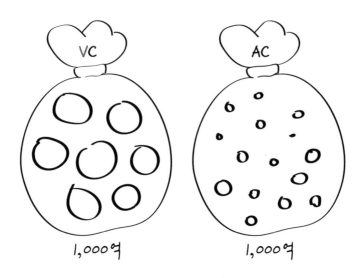

1,000억   1,000억

어려운 비즈니스이고 저 역시 일을 하면 할수록 굉장히 어려운 길을 선택했다고 느낍니다. 하지만 이 어려운 길이 의지가 강하고 간절한 바람으로 뭉친 진정한 기업가로 거듭나게 해주었죠.

헤르만 헤세의 『데미안』에 이런 말이 나옵니다. "뭔가를 간절히 원해서 발견한 것이라면 그건 우연히 이루어진 것이 아니라, 자기 자신의 필사적인 소원이 필연적으로 그곳으로 이끈 것이다."

백창우 시인은 「길이 끝나는 곳에서 길은 다시 시작되고」에서 "길이 없다고, 길이 보이지 않는다고 그대, 그 자리에 머물지 말렴. 길이 끝나는 곳에서 길은 다시 시작되고, 그 길 위로 희망의 별 오를테니"라고 말합니다.

간절히 바라고 온 힘을 다해 노력하면, 길이 끝난 것 같이 보여도 그 끝에 새로운 길이 열린다는 믿음으로 저는 어려운 액셀러레이터 길을 선택했습니다. 그리고 다행스럽게도 저희 회사 임직원들의 노력 덕분에 액셀러레이터 사업으로 손익분기점을 넘기게 되었죠.

사실 액셀러레이터는 어려운 사업이지만 사회에 꼭 필요한 일이라는 생각을 합니다. 만약 액셀러레이터가 없으면 이제 시작하는 기업들에게 누가 투자를 할까요? 액셀러레이터들이 있기 때문에 극초기, 초기 기업의 투자가 이루어지고 이들이 다음 단계로 넘어가게 되는 것이라고 봅니다.

그래서 정부에서도 팁스TIPS*라는 제도를 만들었습니다. 저희 회사도 팁스 운영사이지만 투자사 중에 팁스 운영사들도 있는데요, 이 팁스라는 것은 쉽게 말해서 우리가 1~3억 원의 투자를 진행하면 정부에서 5~15억 원 사이의 연구개발R&D 자금을 보조해 주는 사업입니다. 기술이 뛰어난 스타트업이라면 반드시 팁스에 도전해야 하죠. 초기 기업에 1억 원을 투자해도 기술개발을 하려면 계속 돈이 들어가다

---

*   Tech Incubator Program For Startup 민간투자 주도형 기술 창업을 지원하여 기술적인 역량을 갖춘 미래 유망 창업기업을 육성하고 발굴하는 프로그램

보니, 저는 투자한 기업들을 위해서라도 꼭 팁스 제도를 활용하려고 합니다.

팁스를 받기 위해 정부에 신청하면 스타트업 창업자 대신 투자사 대표가 발표를 하는데요, 저는 매년 팁스 발표를 수십 건 이상 진행해 왔고 누적으로 100건 이상 한 것 같은데도 발표 현장에 가면 낯선 질 문들이 참 많이 날아옵니다. 하지만 투자한 기업들을 위해 하나하나 정성껏 답변하려고 노력하죠. 이 과정을 거쳐서 팁스에 선정되면 제 일인 것처럼 정말 기분이 좋습니다.

투자업은 생각보다 많은 고민을 해야 하고, 그보다 더 많은 열 정을 불어넣어야 할 수 있다고 생각합니다. 저희 회사는 10년 넘게 5,000개 내외의 스타트업 보육, 육성을 진행해왔습니다. 이렇게 수많 은 인연들을 만나다 보면 기업별로 다양한 성장 단계를 보게 됩니다. 매번 새로이 창업하는 창업자들을 만나 이야기를 하면, 잠시 식었던 제 열정에 다시 불이 지펴지기도 하고 이들의 치열한 노력에 함께 웃 고 울면서 용기와 위로를 얻기도 하죠.

그런데 이제 조금 이성적으로 생각해 보겠습니다. 수많은 스타트 업을 만나는 투자자 입장에선 이들과 마냥 행복한 이야기만을 하지는 않습니다. 이들이 성장해 나갈 수 있을지 때로는 냉정하게 기업들을 바라보기도 하죠.

실제 투자 받고 싶은 기업들이 열심히 준비하지만 생각보다 투자가 쉽게 이루어지지 않는 경우도 많습니다. 이들의 아이디어가 부족해서일까요? 혹은 비즈니스 모델에 허점이 있기 때문일까요? 제 생각에는 투자자의 생각을 읽지 못했기 때문이라고 봅니다. 투자자가 원하는 이야기나 투자자의 생각과 관점이 있는데, 이들은 스타트업 입장에서만 이야기하거든요.

그래서 이 책의 전반적인 내용은 투자자는 어떤 생각을 하는지, 투자자처럼 생각하기 위해 어떤 부분을 알면 좋은지에 대해 정리했습니다. 투자자의 생각을 조금만 읽어낸다면 스타트업은 자신들의 밸류에이션을 어떻게 높일 수 있을지, 밸류업 전략을 잘 뽑아낼 수 있거든요.

그럼 다음의 4가지로 설명해 볼게요.

Value Up

- ✓ 경영진 및 팀 역량 강화
- ✓ 사업모델 및 성장전략 강화
- ✓ 재무적 성과 개선
- ✓ 홍보마케팅 역량 강화

경영진 및 팀 역량 강화

    초기 스타트업은 팀워크를 바탕으로 운영되고 이들의 단합이 근거가 되어 회사가 성장하고 발전해 나갑니다. 조직이 성장함에 따라 경험과 역량을 갖춘 경영진이 모여 회사의 비전을 꾸준히 제시하고, 전략을 수립하면 직원들이 목표를 하나씩 실행해 나가게 되죠. 또한 조직은 직원들이 동기 부여를 통해 성장할 수 있도록 전문성을 갖춘 핵심인재를 영입하고, 안정적인 조직 관리 시스템을 구축해 나갑니다. 기업의 성장 단계에 따라 조직 정비, 인센티브 구조 확립, 복리 후생 및 업무 환경 개선 등으로 내부 팀워크는 강화되고 조직은 성과를 창출하게 되는 것이죠.

    이때 무엇보다 중요한 건 회사의 단계에 맞는 인재 확보와 매니지먼트 역량 강화입니다. 이를 통해 조직 구성원 모두가 협력하면서 성과 중심 문화를 조성해 나가게 되거든요.

    이렇게 경영진, 팀 역량이 강화되는 과정 속에 회사의 밸류에이션은 자연스럽게 올라갑니다. 회사 밸류업의 시작은 바로 **팀(Team)**에 있는 것이죠.

사업모델 및 성장전략 강화

    높은 밸류를 가진 스타트업은, 성장 가능성이 높고 경쟁 우위를 확보할 수 있는 시장에 진출하여, 고객 니즈를 충족시키는 차별된 가치를 제공하는 특징이 있습니다. 문제정의에서부터 솔루션을 제시하는 과정에 있는 것이죠.

그리고 지속가능한 성장을 위해 명확한 수익모델을 구축하고 실제 수익 창출 능력을 증명하는 과정을 거치게 되는데요, 이때 중요한 핵심 키워드가 POC(Proof of Concept, 개념 증명)입니다. 본 게임을 시작하기 전에 테스트 게임을 하는 거죠. 특정 타깃을 대상으로 샘플 테스트를 진행해 우리의 가설이 맞는지 검증을 하는 겁니다.

그리고 이때 유의미한 결과를 얻게 되면 본 시장에 진출했을 때에도 어느 정도 자신감을 갖고 진출할 수 있게 됩니다. 투자자들 역시 초기 스타트업이 MVP^Minimum Viable Product로 POC 검증을 마쳤다고 하면, 상대적으로 투자에 있어 안심을 하게 됩니다. 1차 검증은 끝났다고 보기 때문이죠.

홍보 마케팅 역량 강화

회사의 가치를 올리는 방법은 홍보, 마케팅의 역량을 강화해 나가는 겁니다. 사실 극초기 기업의 경우 홍보 마케팅이 필요하지 않은 경우가 많죠. 홍보 마케팅은 MVP를 시장에 테스트하는 POC 과정을 거치고, 제품의 시장 적합성^Product Market Fit, PMF을 확인한 후 본격적인 시장에 우리 서비스가 등장했을 때부터 시작됩니다.

그리고 성장 단계에 따라 스타트업의 홍보 마케팅 방식은 조금씩 달라지는데요, 초기 단계에는 소비자들을 모으기 위해 콘텐츠 마케팅, 바이럴 마케팅 및 언론 홍보 정도의 마케팅이 진행되었다면 중기 단계에서는 매출 스케일업을 위해 마케팅 화력을 한 번에 쏟아부어야 합니다. 모든 채널에 마케팅 믹스 전략을 취해야 하는 것이죠. 그리고 후기 단계에서는 시장점유율을 방어하기 위해 고객 관계를 관리하는 CRM^{Customer Relationship Management} 마케팅이나 브랜드 로열티를 강화하는 마케팅을 펼쳐 나가야 합니다.

이처럼 스타트업은 성장 단계에 따른 홍보 마케팅 역량을 키워가는 것이 중요한데요, 대외적으로 홍보 마케팅 행위를 하는 것은 투자자(Investor) 입장에서 이들을 판단하는 중요한 근거가 되기도 합니다. 스타트업이 꾸준히 자신들의 이야기를 하는 행위는 투자자들에게도 마케팅이 어느 단계에 들어섰구나, 성장 가속이 붙었구나 같은 생각을 하게 만들거든요. 그래서 홍보 마케팅 역량 강화는 회사의 밸류업으로 이어지게 됩니다.

재무적 성과 개선

스타트업의 가치를 높이는 전략은 '숫자'로 증명하는 겁니다. 그런데 이 부분은 정말 너무나도 당연한 이야기이죠. 기업이 성장해 나가면서 매출이 증가하는 모습을 보여주는 것은, 외적으로 가장 눈에 띄는 지표이자 투자자 입장에서도 해당 성장세만큼 가치를 높여 평가하는 근거가 됩니다.

물론 매출과 더불어 영업이익이 개선되는 모습이나 손익분기점을 빠르게 돌파할수록, 해당 기업의 가치는 적자 기업에 비해 훨씬 높이 평가될 수 있습니다. 이를 위해 스타트업 창업자는 비용의 절감, 가격 정책 개선, 수익 구조 개선으로 매출을 키워 나가면서 이익률도 개선하는 작업을 하게 되죠. 성장하는 모습을 보며 투자자는 자연스럽게 기업을 다시 주목하게 되고, 다음 단계를 고려하게 됩니다. 바로 이 단계가 '어떻게 **회수(EXIT)**를 할까' 엑시트 전략이 되는 것이죠.

스타트업 성장의 마지막 지점은 대개 M&A 혹은 IPO^{Initial Public} ^{Offering}를 떠올립니다. 그러나 초기투자의 경우 이 단계까지 가지 않더라도 시리즈 B, C를 거치면서 스타트업 창업자들이 벤처캐피털 투자자를 만나고, 벤처캐피털은 저희가 보유한 스타트업 구주를 매입하면서 아름다운 이별을 하게 됩니다. 저희는 투자회수 기회를 갖고 벤처캐피털은 성장성 높은 기업의 구주를 싸게 매입할 수 있으니 모두가 원윈^{Win-Win}하는 것이죠.

앞서 이야기한 밸류업의 4가지 조건 핵심 키워드를 조합해 보면 **TPIE**가 됩니다.

즉, T(팀 역량, Team), P(개념 증명, POC), I(투자자, Investor), E(회수 전략, Exit) 이 단어는 책 후반부에 제시할 회사 밸류업을 위한 핵심 키워드입니다.

　자, 이제 투자자는 무슨 생각을 하는지에 4가지 Why? 라는 질문을 던지고, 각각 의미하는 게 무엇인지 이야기를 시작해 보겠습니다.

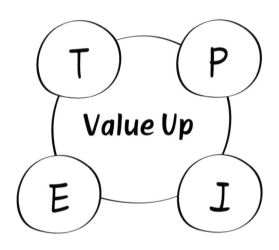

1부

4 WHY로 설득하라

◆

2023년 10월 국내 스타트업 대표들과 함께 미국 실리콘밸리에 출장을 갔습니다. 미국 현지에서 활동하는 한국계 미국인 벤처캐피털 투자자들과 함께 세미나를 진행하면서, 저는 해외 투자자들과 수시로 '투자'에 대해 토론했습니다. 스타트업을 볼 때 어떤 생각을 하는지, 창업자의 이야기를 들으면서 어떠한 부분에 설득이 되는지, 투자자로서 투자의 관점은 어떤지 등 수많은 '투자'로 시작되는 이야기가 주를 이루었지요. 해외 투자자들과 함께 '투자자의 시선에서 스타트업을 바라보는 관점'을 두서없이 이야기하다 목록으로 정리해 보니, 우리는 크게 4가지의 '왜'라는 질문을 던지고 있음을 발견했습니다. 물론 저 역시도 투자를 하면서 수시로 질문을 던지지만, '투자자로서' 생각은 모두 비슷하다는 걸 알게 되었던 겁니다.

그래서 이번 1부에서는 우리가 던지는 4가지의 'Why'에 대해 이야기를 해보려 합니다.

투자자들은 창업자에게 항상 질문을 합니다. 그리고 그 질문의 시작은 4가지의 WHY에서 시작합니다.

"왜 투자자는 당신에게 투자를 해야 하나요?"

"왜 지금 당신에게 투자를 해야 하나요?"

"왜 이 아이디어에 투자를 해야 하나요?"

"왜 나에게 투자를 받아야 하나요?"

바로 이 질문에서 시작되어 투자자는 스타트업을 바라보고 창업자를 바라봅니다. 그럼 각각의 'Why'는 무엇을 의미하는지 자세히 알아보겠습니다.

Why You
Why Now
Why This Idea
Why Me

1장

WHY YOU
"투자자는 왜 '당신'에게 투자해야 할까요?"

◆

저는 보육 현장에서 혹은 강의나 멘토링 현장에서 수많은 창업자들을 만나 IR^{Investor Relations}에 대한 생각을 나눕니다. 그리고 그때마다 항상 강조하는 키워드가 있습니다. 바로 '문제정의'입니다. 문제정의란 창업자가 이 사업을 시작하게 된 동기이자, 끝까지 사업을 이끄는 에너지의 원천이 됩니다.

투자자로서 수천 개 이상의 스타트업 IR Deck, 즉 사업계획서를 읽다 보면 치열한 고민의 흔적이 장표에 고스란히 남아있는 것을 보게 됩니다. 그리고 그 응축된 흔적들은 문제정의에서 시작되는 경우가 많습니다. 창업자가 직접 겪거나 혹은 가까이에 있는 지인이 겪는 문제를 직접 경험하고 이를 해결하겠다는 강력한 의지에서 나온 아이디어의 경우에는, 제3자의 시각에서 단순히 현상을 관찰하고 아이디어를 내는 것보다 공감하는 깊이가 훨씬 깊고 정교합니다. 또한 창업자의 문제를 해결하려는 강력한 의지와 열망이 잇따르기 때문에 문제의 질도 깊어지고 솔루션도 훨씬 높은 수준으로 이어질 수 있습니다.

투자자를 설득하는 IR Deck은 이처럼 문제정의에서 시작하여 IR 장표의 끝까지 연결됩니다. 2부에서 이야기하겠지만 IR Deck은 ① 문제정의 ② 문제해결 ③ 기술소개 ④ 경쟁사 분석 ⑤ 비즈니스 모델 ⑥ 팀 소개 총 6단계로 구성됩니다.

어떻게 '문제정의'가 장표의 마지막인 '팀 소개'까지 연결되는지 궁금해하실 것 같은데요, 오른쪽의 그림처럼 논리적인 흐름으로 전개됩니다.

그런데 투자자는 문제정의-문제해결-기술소개 장표만 보고, 마지막 장표인 '팀 소개'까지 생각하게 됩니다. 창업자가 문제를 인식하여 솔루션을 제시했고, 이 솔루션에 들어간 기술 수준은 이 정도이니 구현하기 위한 맨파워는 이렇게 되겠다는 생각을 자연스레 하게 되는 것이죠. 그래서 '문제정의'로부터 시작한 발표는 투자자들이 창업자의 생각을 빠르게 캐치하면서 몰입할 수 있는데 도움을 줍니다.

다시 2023년 10월, 미국 실리콘밸리 출장길에서 만났던 투자자와의 이야기로 돌아가 보겠습니다. 제가 현지 투자자들에게 물어봤습니

내가 기존의 서비스를 사용해
보면서 치명적인 문제점을
발견했고, 어떻게 하면
개선할 수 있을까를 고민하게
됐다.

문제정의

이를 해결하기 위해 우리는
이러한 기능을 추가해
솔루션을 개발하게 되었다.

문제해결

이 솔루션에는 우리만이 가진
독보적인 기술이 담겨져 있다.

기술소개

다. 창업자들이 IR 발표를 할 때 언제 집중을 하게 되는지에 대해서 말이죠.

그들 역시 저와 동일하게 '창업자의 경험'이라고 답했습니다. 즉, 문제정의가 모든 발표의 시작점이자 가장 중요한 포인트라는 것이죠. 또한 창업자의 경험치가 깊으면 문제의 질이 높아지고, 문제의 질이 높아질수록 솔루션의 질도 높아진다는 논리에 모두 동의를 하고 있었습니다.

그러므로 'Why You'라는 관점에서 창업자가 투자자에게 자신의 비즈니스를 이야기할 때는 '이 비즈니스는 누구나 하는 사업이 아니라 내가 가진 경험을 기반으로 충분한 고민 끝에 솔루션이 나왔다. 그래서 이렇게 준비해왔고, 당신이 나에게 투자를 해야 한다'라는 흐름으로 투자자를 설득하는 것이 좋습니다.

이해하기 쉽게 몇 가지 사례를 이야기해 볼게요.

아고스비전

예전에 어느 대학에서 강의를 한 적이 있습니다. 그때 제가 투자했던 포트폴리오 기업 중 하나인 아고스비전에 대한 사례를 이야기했었죠. 아고스비전은 사람 수준의 넓은 시야를 제공하는 3D 광시야 카메라 '아고스뷰ArgosVue'를 개발한 회사입니다.

창업자인 박기영 대표님은 이 분야의 연구만 10년 이상 해왔고,

오랫동안 로봇의 시야 확장을 고민해왔습니다. 처음 투자 당시만 해도 아고스뷰 로봇의 사용처가 한정적이었기 때문에 투자자 입장에서 박 대표님께 "이러한 광시야 카메라가 왜 필요한가요?"라는 질문을 던졌고, 꾸준히 박 대표님의 생각을 물어봤습니다.

푸드테크 관점에서 보면 서빙로봇은 실내공간에서 사물을 잘 피해 다니기만 하면 되는데, 수평 시야가 넓어서 주변까지 확장해 보는 광시야 카메라가 왜 서빙로봇에 필요한지 의문이 들었기 때문이죠.

그러나 박 대표님은 로봇이 안정적으로 주행할 수 있는 실내공간 뿐만 아니라 울퉁불퉁한 도로, 단차가 있는 계단 등에서의 로봇활동을 위해 사람처럼 정교한 시야가 반드시 필요하다고 했습니다. 초기 서비스 시장만이 아닌, 좀 더 확장된 시장까지 고민을 하고 있었던 겁니다.

이후 아고스비전은 현대자동차, 만도^{Mando}와 함께 해당 기술의 로봇 적용을 위해 POC를 진행했고, 미국 로봇전문업체 보스턴 다이내믹스^{Boston Dynamics}가 만든 강아지로봇에 아고스비전 기술이 적용되었습니다.

박 대표님은 지속적으로 다양한 기업들과 POC 검증을 겪으면서 '문제정의'와 '경험치'를 높여갔습니다. 시간이 축적되고 과정이 쌓이면서 자연스레 높아지게 된 것이죠.

애쓰지마

창업자의 경험에서 나온 스타트업 사례도 있습니다. 낚시 관련 앱 '애쓰지마'라는 기업은 해수의 온도, 조류의 흐름 등 다양한 분석을 통해 낚시할 때 물고기가 가장 잘 잡히는 장소로 가이드 해주는 앱을 개발했습니다.

당시 저희 회사 심사역이 투자실사를 위해 창업자와 함께 배를 타고 바다낚시에 갔었습니다. 그런데 흥미롭게도 앱에서 지정한 포인트에 낚싯대를 내리니 정말 잘 잡혔다는 겁니다. 그래서 제가 창업자에게 이 낚시앱을 왜 개발하게 되었는지 물어봤습니다. 창업자는 아버지께서 평생 낚시를 하셔서 그게 너무 싫었는데, 경험으로 쌓아온 지식의 양이 방대했고 이걸 옆에서 꾸준히 봐왔던 터라 앱으로 구현해 보면 어떨까라는 생각으로 시작하게 되었다고 이야기했습니다.

뉴트리인더스트리

이 기업은 2016년 설립된 환경 스타트업으로 식품 폐기물 처리에 곤충을 도입해 기존 폐기물 처리업계의 한계를 해결하기 위한 환경 리사이클링 기업입니다.

홍종주 대표님은 대학교를 다닐 때부터 환경 문제에 매우 깊은 관심을 가지고 있었습니다. 여러 환경 문제 중에서도 주요 관심사는 '어떻게 해야 음식물 처리를 깔끔하게 할 수 있을까'였고 이 문제를 해결하기 위해 꾸준히 자료를 찾고 고민을 하다 우연히 시카고대학 교수가 쓴 논문을 발견했다고 합니다. 이 논문에는 음식물 쓰레기를 먹고자란 곤충을 활용하는 방법이 나와 있었고, 이를 활용하면 환경 리사이클 모델을 만들 수 있겠다는 확신이 들었다고 합니다. 그 후 MVP를 기반으로 POC 검증을 진행하게 되었던 것이죠.

홍 대표님은 음식물 쓰레기를 곤충의 먹이로 재활용하고, 또 이를 먹고 자란 곤충들은 사료의 원료 혹은 친환경 비료가 되어 양돈농가, 수산업자에게 단백질원 먹이로 공급하는 리사이클 시스템을 구축하게 되었습니다.

제가 이 업체에 투자하기 전 직접 실사를 갔었습니다. 그런데 큰창고 안에서 코를 찌르는 냄새가 이루 말할 수 없이 지독했습니다. 음식물 쓰레기가 한쪽에 있고 다른 쪽에서는 벌레가 그 음식물을 먹고 있었던 거죠. 한 시간 정도 서서 공장이 운영되는 모습을 보았고, 비록 코는 마비가 되었지만 투자에 대해 어느 정도 확신을 갖게 되었습니다.

현재 뉴트리인더스트리의 회사 가치는 300억 원 정도로 성장했고, 싱가포르에도 이 기술을 이전하고 있습니다. 창업자가 해당 문제에 깊은 고민을 갖고 몰입하며 답을 찾아갔기에 솔루션의 질도 높아진 것이라는 생각이 또다시 드는 사례였습니다.

스타트업을 창업하여 운영하는 것은 결코 쉬운 일이 아닙니다. 경험치에서 쌓아 올린 문제인식에서 문제를 해결하는 과정에 이르기까지도 고되고, 가설을 세우고 검증해 나가다가 실패할 경우, 전체 비즈니스 모델을 엎어야 하는 상황이 올 수도 있습니다. 초기 가설 자체를 원점으로 되돌리는 상황이 올 수도 있다는 뜻이죠. 그뿐만 아니라 원하는 대로 투자유치가 이루어지지 않을 수도 있고, 초기 창립 멤버가 이탈할 수도 있습니다. 또한 비즈니스 모델을 정교하게 만들어가는 과정에서 고난과 역경이 쉴 새 없이 닥칠 수도 있죠.

그러나 이러한 스트레스 상황 속에 문제정의를 '그'라는 제3자에서 시작하지 않고 '나'의 문제로 출발한 경우, 포기하지 않고 끝까지 해결할 의지가 높았습니다. 그래서 투자자들은 이러한 창업자에 대해 훨씬 높게 평가하는 것이죠. 또한 자신이 겪은 경험을 가지고 스타트업을 시작했기에, 사업을 운영하면서 역경이 닥치더라도 포기하지 않고 회사를 운영해 나갈 것이라는 믿음도 주거든요.

바로 이러한 점에서 문제정의가 창업자의 경험과 맞닿아 있는 것을 선호합니다. 물론 사업이란 문제정의에서만 그치면 좋은 아이디어일 뿐이겠죠. 매출을 만들고 성장하기 위해서는 솔루션(제품, 서비스, 기술)이 시장에 적합한지 검증을 해야 합니다. 제품의 PMF라고 하는 그 과정을 통해 창업자가 고민했던 문제가 시장에서도 필요한 것임을 확인해야 하죠.

또 제품의 PMF 검증을 한 후, 실제 고객들도 이 문제를 해결할 니즈가 높은지 검증하는 CPF^Customer Problem Fit를 거치면 회사는 본격적인 성장 단계에 진입하여 두 번째 투자자의 질문인 'Why Now'로 이어지게 됩니다.

2장

WHY NOW
"투자자는 왜 '지금' 투자해야 할까요?"

◆

저희 회사는 2023년 기준으로 누적 400여 개 기업에 410억 원 정도 투자를 했습니다. 기존에 투자한 기업 중 120개 기업에는 후속투자도 이어졌죠. 투자를 진행하기 위해 5,000개 이상의 스타트업을 만나 보육, 육성 사업을 진행해왔고, 이들의 성장 단계도 꾸준히 지켜봐왔습니다. 그래서 그동안 저희가 어떤 분야에 투자를 했는지 살펴보니 크게 16개 분야로 나눌 수 있었습니다.

다음 장의 그림을 보면 아시겠지만 저희가 이렇게 다양한 분야의 투자를 검토하고 실제 투자까지 진행한 이유는, 액셀러레이터로서 특정 분야의 아이템에 얽매이지 않고 스타트업의 성장 잠재력을 중점으로 보기 때문입니다.

푸드테크	사스	딥테크 제조 및 소부장	공간/관광/ 문화예술
디지털 트윈/ 게임/메타버스	메디테크/ 헬스케어/바이오	스포츠 딥테크 및 o2o	에듀테크
큐레이션 커머스	펫테크	프롭테크 및 물류	핀테크
o2o 서비스 커머스	해양수산	모빌리티	블록체인

자 그렇다면, 투자자가 던지는 두 번째 질문 'Why Now'를 이야기 해 볼게요.

제가 현업에서 쌓았던 경험과 투자자들의 대화와 교류를 통해 얻은 인사이트로 IPG 로드맵을 만들어보았습니다. 다음 장에 있는 이 그림은 아마 여러분들이 처음 본 모델일 겁니다. IPG는 투자와 프로덕트의 성장이라는 것을 의미하는 Investment Product Growth의 약자로 기업의 프로덕트가 시장에 진입해 성장하는 단계와 구간별 투자의 단계를 한눈에 볼 수 있게 그린 그림입니다.

우선 X축은 스타트업의 초기, 중기, 후기 성장 단계에 따른 투자 유치를 표현했습니다. 보통 초기 성장 단계에서는 시드투자, Pre-A 시리즈의 투자를 유치하게 됩니다. 그리고 스타트업의 중기 성장 단계에서는 시리즈 A, B 투자가 이루어지죠. 이후 후기 성장 단계에 들어서면 수백억 원에서 수천억 원 규모의 투자를 유치하게 되는 시리즈 D,

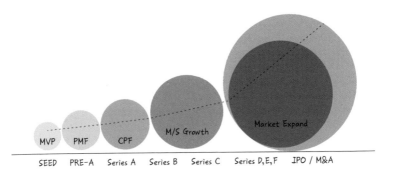

MVP PMF CPF M/S Growth Market Expand

SEED PRE-A Series A Series B Series C Series D,E,F IPO / M&A

E, F, 그리고 IPO/M&A에 들어서게 됩니다.

X축 위에 표현된 각각의 동그라미는 스타트업의 성장 단계에 따라 점점 커지면서 마지막 단계에는 동그라미가 겹쳐서 등장합니다. 이는 시장의 볼륨이자 매출 볼륨을 의미합니다. 초기 회사의 프로토타입Prototype이라 할 수 있는 MVP 단계 시장은 매우 제한적입니다. 그러나 이 MVP 단계의 POC 검증을 한 후, 제품의 PMF가 이루어지는 과정에서는 초기보다 시장이 조금 더 커진 것을 볼 수 있습니다. 그리고 CPF가 검증되면 본격적으로 매출 볼륨을 키우고 시장점유율이 확장되는 구간을 거치게 되죠. 시장점유율도 확보하게 되면 시장 규모를 키우고, IPO 혹은 M&A라는 마지막 단계에 들어서게 됩니다.

IPG 로드맵을 보면 스타트업 각 단계의 시장 규모를 한눈에 살펴볼 수 있고, 성장 과정에서 만나게 되는 투자자들도 달라짐을 알 수 있습니다. 대개 시드투자와 Pre-A 시리즈 투자에서는 액셀러레이터, 창업투자회사, 엔젤투자자, 기술지주회사, 정부의 벤처투자 펀드와 같은 주체들과 만나게 됩니다. 수천만 원에서 15억 원 이내의 투자가 보통 이 단계에서 이루어지게 되죠. 그 후 본격적인 스타트업 성장기에는 벤처캐피털, 창업투자회사, 신기술 사업자, PEF Private Equity Fund, 투자자산운용사, 은행, 증권사를 만나게 되며, 이들과 함께 논의하는 투자 규모는 대략 20억 원에서 150억 원 사이로 형성됩니다.

마지막 후기 단계에서 스타트업은 기존 투자자들이 후속투자로 참여하거나 금융기관, 경영참여 PEF 운용사 등을 만나면서 최종적인 방향을 설정하게 됩니다. IPO를 하거나 M&A를 통해 기존 투자자들에게 투자회수의 기회를 제공하는 것이죠.

프로덕트 측면에서 각각의 단계를 조금 구체적으로 설명해 볼까요?

초기 스타트업은 제품이나 서비스의 핵심 기능만을 갖춘 MVP를 만드는 데에서 시작합니다. MVP는 초기에 프로덕트의 핵심 가치를 검증하고 고객 피드백을 수집하기 위해 사용되는데요, 이때 가설 검증하는 단계를 POC라고 합니다. 일반적으로 POC는 기술적인 도전 과제를 해결하고 특정 기술 스택이나 기술 솔루션의 적합성을 검증하기 위해 많이 실행하며, MVP를 기반으로 진행되는 경우가 많습니다. 스타트업은 MVP 단계의 검증을 통해 초기투자 및 개발 비용을 최소화하는 동시에 프로덕트를 빠르게 시장에 선보일 수 있게 되죠. 요즘에는 최소 MVP까지 나와야 초기투자에 대한 투자자의 의사결정이 빠르게 되는 편입니다. 아무것도 없는 상태에서 '우리는 이것을 할 것이다'라는 비전을 제시하기보다는 눈에 보이는 결과물을 기반으로 이야기하는 것이 훨씬 설득력이 있으니까요.

최근에는 스타트업 창업자들도 초반 MVP 만드는 작업을 정부지원사업 지원금으로 많이 활용하고 있습니다. 예를 들어 예비창업패키지, 초기창업패키지, 청년사관학교 등 다양한 부문에서 지원해 주는 사업들이 많기 때문에 창업자들은 초반에 이러한 프로그램을 통해 교육도 받고 안정적인 자금을 확보합니다. 그리고 지원사업을 받게 되면 시드투자에 대한 기회도 상대적으로 많아집니다. 아무래도 액셀러레이터와 같은 전문 투자기관들이 정부지원사업 운영사로 참여하는 경우가 많기 때문이죠. 그래서 지원사업이 끝나는 무렵 성과 공유회, IR 데모데이* 행사를 갖고, 투자자들과 직접적인 네트워크도 형성하여 투자를 유치하게 되는 경우도 꽤 있습니다.

MVP 다음의 단계는 PMF와 CPF입니다. 이 둘은 비슷한 것 같지만 조금은 다른 개념인데요, PMF는 프로덕트가 시장에 맞아떨어지는지를 검증하는 단계로 제품 마켓핏 검증이라고 합니다. 영어로는 Product Market Fit을 쓰며 약자로 PMF라 표현하게 됩니다. 일단

---

* 스타트업이 투자자에게 자신들의 비즈니스를 소개하고 투자유치를 하는 중요한 행사

PMF 검증이 끝난 스타트업 서비스는 투자자에게 훨씬 매력있는 모델이 됩니다. 불확실한 확률이 낮아지기 때문이죠.

마찬가지로 CPF도 검증의 과정입니다. CPF는 Customer Problem Fit이라 하고 고객 문제 적합성으로 번역할 수 있습니다. CPF는 스타트업의 프로덕트가 고객의 문제를 해결하고 가치 제공을 할 수 있는지 평가하는 단계입니다. 사실 기술이 매우 뛰어나지만 고객에게 전혀 필요가 없는 제품일 경우 시장에서 사라질 확률이 상당히 높습니다. 그래서 이 모든 과정을 거치면서 창업자는 시행착오를 줄이게 되죠.

이러한 CPF 단계는 고객 중심으로 프로덕트 평가가 이루어집니다. 투자자들은 이 단계에서 제품과 서비스의 시장 수요를 파악할 수 있고, 투자에 대한 의사결정을 내릴 때도 긍정적인 요소가 됩니다. 또한 제품이 출시되고 매출이 발생하는 부분이기 때문에 우리가 어떠한 유통 경로를 통해 제품을 출시하는 게 효과적인지, 우리의 고객은 어떤 플랫폼에 주로 머무는지를 잘 파악해서 올바른 타깃층의 고객에게 매출을 이끌어내는 것도 아주 중요합니다.

이 시기부터는 스타트업의 홍보, 마케팅 전략도 중요한 경쟁력이 되는데요, 만약 고객이 인스타그램을 주로 사용하는 30~40대 여성층인데, 숏폼 영상에 특화되어 있는 틱톡을 주력 마케팅 채널로 한다고 가정해 볼게요. 그럴 경우 틱톡의 주 시청 연령층은 우리의 타깃 연령보다 훨씬 낮기 때문에 제대로 된 고객을 만나지 못할 가능성이 높아집니다. 광고 마케팅 활동은 하고 있지만 효율이 굉장히 낮고 따라서 매출 성장률까지 낮아지는 상황이 오는 것이죠. 그러므로 CPF 단계에서는 우리의 고객이 누군지를 이해하고, 고객들이 주로 활동하는 플랫폼에 대한 이해와 그 접점에서의 마케팅 전략도 따라와야 합니다.

앞서 MVP, PMF, CPF 단계를 거치는 동안 투자자는 스타트업을 만나 단계별 투자 의사결정을 진행합니다. 스타트업은 특정 시장에서 M/S^{Market Share}를 높여가면서 성장에 가속이 붙게 되죠. 또한 이러한 추세가 지속되어 투자 단계가 심화되고 기업의 성장 단계도 중기에서 후기로 올라가게 되면, 시장에서 독점적인 지위나 점유율을 갖게 됩니다. 그렇게 되면 이제 투자자와 스타트업은 어떻게 투자를 회수할지에 대한 엑시트 전략을 논의를 하게 됩니다.

이렇게 스타트업의 성장 단계에 따른 투자유치 단계와, 시장에서의 프로덕트 성장 단계를 한눈에 볼 수 있는 그림이 IPG 로드맵입니다. 제가 장황하게 설명한 것 같지만, IPG 로드맵은 투자자들에게 'WHY NOW'로 연결되는 중요한 포인트입니다. 스타트업의 성장 단계에서 '바로 지금, 투자를 해야 하는 적기'라는 사인을 살피기 좋은 그림이거든요. 창업자 입장에서도 마찬가지입니다. IPG 로드맵에 근거하여 우리가 지금 이러한 단계이고, 이 검증을 했으니 본격적인 매출 스케일업을 위해 최소 몇 십억 원의 투자가 필요하다! 라고 이야기를 할 수 있어야 하죠. 그래서 투자자와 창업자가 서로 컨센서스를 이루는 바로 '지금'이 투자를 해야 하는 때가 되는 겁니다.

IPG 로드맵에서 MVP 단계는 지금의 카카오나 배달의민족 같은 기업들도 예외 없이 거친 단계입니다. 카카오가 처음 서비스를 시작했을 때가 기억나시나요? 2010년 3월 카카오는 '카카오톡'이라는 서비스를 제공했는데요, KT, SKT 같은 통신사들이 장악한 문자 메시지 시장에 들어와서 '공짜 문자' 콘셉트로 시작했습니다. 지금에서야 카카오톡을 열면 채팅 기능 외에도 선물하기, 쇼핑하기, 이모티콘 구입, 카카오메이커스, 게임 등 수많은 기능이 존재하지만, 당시에는 '문자' 하나로 시작했죠. 바로 이 모델이 MVP입니다. 최소 기능을 하는 프로덕트를 만들어 시장에 던져 본 겁니다. 그리고 그들의 가설을 검증한 후에 서비스 확장을 하고 덩치를 키워나가면서 지금의 카카오가 된 것이죠.

MVP 단계에서 가장 기억에 남았던 스타트업은 배달의민족이었습니다. 배달의민족도 카카오와 마찬가지로 처음부터 지금의 안정적인 서비스를 제공하진 않았죠. 현재는 배민앱으로 주문을 하면 음식점에서 주문을 수락하고, 라이더가 배달을 시작하면 실시간으로 위치도 볼 수 있습니다. 하지만 초기의 배민앱은 치킨앱을 누르면 그 음식점으로 전화가 연결되는 서비스였습니다. 당시 배달의민족은 해당 치킨집과 계약을 하진 않았지만, 전화연결 서비스를 해보며 실험을 한 것이죠. 그 후 본격적으로 지금의 배민앱을 만들기 위해서 다양한 가설 검증을 하게 되었고, 핵심적인 POC를 저희와 하게 되었습니다.

저희 회사는 외식주문중개 플랫폼을 운영하고, 국내 최초로 1588-XXXX라 시작하는 대표번호 서비스를 운영했습니다. 푸드테크 분야의 고인물이라 봐도 될 정도였죠. 그래서 배달의민족이 우리 서비스를 활용해 POC 검증을 진행하기로 하고, 본엔젤스로부터 3억 원의 투자를 받았습니다. 지금의 배민앱 같은 기능을 검증하기 위해서는 통합 주문이 이루어져야 했는데, 이 검증을 하려면 매장의 포스와 주문이 자동으로 연동되어 있어야 하고 전산 연결도 되어 있어야 했습니다. 그래서 이미 수만 개 이상의 프랜차이즈 네트워크를 확보한 저희 회사와 진행을 하게 된 것이죠.

배민은 초반에 서대문구 전체를 테스트하고 싶다고 했으나, 3억 원으로는 기껏해야 신촌, 연희동도 할 수 없었습니다. 동 개념보다 훨씬 작게 출발해야 했기에 저희는 지역을 좀 더 세분화했고, 최종적으로 테스트를 했던 곳이 연세대학교 후문 일부 지역의 하숙집이었습니다.

또한 타깃 고객도 20대 중반의 남성으로 좁게 잡았습니다. 'POC 검증' 샘플 시장 테스트를 통해 타깃층을 명확히 정의할 수 있고, 해당 시장에서 유의미한 성과를 빠르게 만들면 타깃 확장이 가능하기 때문이었죠. 다행히 배달의민족이 저희와 함께 진행했던 POC 테스트는 소기의 성과가 있었습니다. 그리고 검증 결과를 바탕으로 배민은 20대 중반 남성 고객들을 1차 타깃으로 공략했죠. 외식업에서 금기시되었던 상남자 콘셉트의 모델 류승룡도 과감하게 기용해 단순하고 강력한 메시지를 던졌습니다.

"우리가 어떤 민족입니까 배달의 민족!"

사실, 광고 메시지를 봤을 때 조금 엉뚱하다는 생각이 들 정도였지만 남성 타깃 고객들은 열광하고, 광고가 대성공을 거두면서 배달의민족은 급격한 성장을 이어 나갔습니다. IPG 로드맵의 단계에 따라 투자유치 규모도 갈수록 커져서 2014년에는 골드만삭스^{Goldman Sachs}가 주도하는 컨소시엄으로부터 400억 원의 투자를 받았습니다. 이어 2018년에는 힐하우스캐피탈, 세콰이어캐피탈, 싱가포르투자청^{GIC} 등으로부터 3,600억 원의 투자를 받았고 당시 기업 가치 3조를 인정받았습니다.

그리고 2020년 배달의민족은 4조 원 규모로 독일 기업 딜리버리히어로에 인수되었습니다. 배달의민족은 앞서 이야기했던 IPG 로드맵에 따라 MVP의 POC 검증, PMF, CPF 단계를 거쳐 급속도로 시장점유율을 키워가며 성장했고, 각 단계에 맞는 투자금을 유치해 성장에 박차를 가할 수 있었습니다.

바로 이러한 성장 단계에서 기업이 투자자를 만나 'Why Now' '왜 지금 투자를 해야 하는가'를 위의 근거로 이야기한다면 투자자는 창업자에게 귀를 기울일 겁니다. 그리고 과감한 투자에도 이어지게 되겠죠.

3장

WHY THIS IDEA
"왜 이 '아이디어'에 투자를 해야 하나요?"

◆

    스타트업 창업자는 저마다의 아이디어를 가지고 있습니다. 어떤 아이디어는 시장 상황과 맞아떨어져서 급물살을 타고 성장하는 경우도 있고, 어떤 아이디어는 생각보다 반응이 좋지 못해 사라져버리는 경우도 있습니다. 또 어떤 아이디어는 특정 시장의 시장점유율을 확보해 나가다가 나중에는 황금알을 낳는 거위처럼 돈을 벌어주는 알짜배기 사업으로 전환되기도 하죠.

    IR 발표에 참여해 보면 창업자들의 수많은 생각과 번뜩이는 아이디어에 감탄할 때가 많습니다. 들을수록 강렬한 열망을 느끼면서 투자하고 싶다는 생각이 들기도 하거든요. 그렇다면 투자자는 어떤 아이디어에 매료될까요? 오랫동안 시장에서 활용되었던 보스턴컨설팅그룹

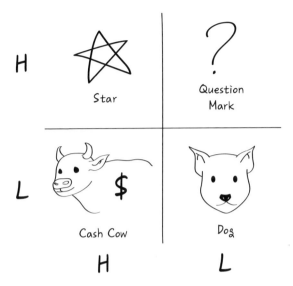

Boston Consulting Group의 BCG 매트릭스를 스타트업에 빗대어 이야기해 보겠습니다.

BCG 매트릭스는 1970년대 초반 포트폴리오를 분석하고, 효율적인 투자전략 수립에 도움을 주기 위해 등장한 모델입니다. 위의 그림에서 살펴볼 수 있듯이 BCG 매트릭스는 크게 X축과 Y축으로 나누어져 있습니다. 하나는 우리가 공략할 시장에 대한 것이고, 나머지 하나는 상대적 시장점유율을 의미합니다. 위에서는 Y축이 시장성장률을 의미하고, X축이 경쟁자 대비 얼마나 잘하는지를 보여주는 상대적 시장점유율로 보면 좋습니다.

X축의 경우 일반적으로 좌측에서 우측으로 갈수록 숫자가 커질

것 같지만, 이 그림에서는 좌측이 '높음'을 우측이 '낮음'을 의미합니다. 보스턴컨설팅그룹은 이렇게 X, Y축으로 나누어 기업의 상황을 각각 별, 물음표, 캐시카우, 개로 비유했습니다.

이미 많은 스타트업 창업자들이 BCG 매트릭스에 대해 한 번 정도는 들었겠지만, 투자자의 생각, WHY THIS IDEA 측면으로 접근해 보겠습니다. 우선 BCG 매트릭스의 각 영역을 설명해 보도록 하죠.

물음표

우측 상단에 있는 이 구간은 물음표Question Mark라고 부릅니다. 말 그대로 잘 모른다는 거죠. 이 구간에 놓인 스타트업은 자신이 목표로 둔 시장의 성장 가능성은 높지만, 경쟁이 치열하여 수익성은 낮습니다.

투자를 통해 시장점유율을 높이고 싶어도 성공 가능성이 불확실하기 때문에 의사결정이 매우 중요해지는 영역입니다. 어떠한 전략을 짜느냐에 따라 좌측 상단의 별Star로 진입할 수도 있고, 우측 하단의 개Dog로 전락할 수도 있거든요. 스타트업의 관점에서 생각해 보면 바로 이 영역이 '아이디어'에서 출발하는 스타팅 포인트가 됩니다.

창업자가 '문제정의'를 통해 자신의 아이디어를 정교한 MVP로 구현해 내고, 경쟁자보다 빠르게 시장점유율을 차지하게 되면 별의 영역으로 갑니다. 반짝반짝하게 빛나는 '별'처럼 시장도 좋고 우리도 좋은 상황이 되죠. 이때의 스타트업은 적극적으로 투자유치를 하며 시장 점유율을 더욱 빠르게 높이는 전략을 취합니다.

잠시 예를 들어볼까요? 저희 회사는 2003년 사업 초기 푸드테크 기반으로 비즈니스를 시작했습니다. 역시 BCG 매트릭스의 '물음표'에서 출발했죠. 이제 막 폭발적으로 성장하는 시장에서 순풍을 타며 시장 장악력을 높여 나갔고, 한때 해당 시장에서의 저희 회사 M/S는 96%에 육박했습니다. '별'의 영역에 들어갔던 겁니다.

그러나 홈페이지 주문전화, 대표번호 주문 전화 등의 서비스는 배달앱들이 등장하면서 소비자들의 사용이 줄어들었습니다. 시장의 성장률이 둔화되기 시작한 것이죠. 하지만 이미 해당 시장에서 독점적인 지위를 갖고 있다 보니, 서비스에 대한 추가 비용 투입 없이 이익률이 개선되어 '캐시카우Cash Cow'영역으로 들어서게 되었습니다.

스타트업들은 대체로 물음표에서 출발하여 그대로 머물 수도 있고, 별 혹은 개 영역으로 진입할 수도 있습니다. 투자자들은 스타트업의 아이디어가 시장에서 어떻게 받아들여지는지, 고객의 문제는 어떻게 해결하며 가치를 키워나가는지 평가하고, '해당 아이디어에 투자를 해야 할지 말아야 할지'를 고민하게 됩니다.

별

별은 이름부터 반짝반짝합니다. BCG 매트릭스에서 '별'이라는 이름을 부여한 것도 '스타'라는 의미 자체를 부여하고 싶었던 것 같습니다. 이 영역은 시장성장률이 높고 경쟁사 대비 상대적 시장점유율을 많이 확보한 스타트업들이 위치하게 되죠.

이 별의 영역에 진입하게 되면 스타트업들은 이미 매출 볼륨이 상당히 커졌음을 의미합니다. 그래서 이 구간의 기업들은 대체로 시리즈 C 단계를 넘어 수백억 원, 수천억 원씩 투자를 받으면서 규모가 커집니다. 적극적인 투자유치로 공격적인 시장점유율을 확보해 나가는 것이죠.

하지만 시장은 항상 성장세를 유지하지는 않습니다. 시장도 트렌드와 수명이 있기 때문에 성장률이 둔화되기도 하죠. 스타트업은 별의 영역에 들어가게 되면 한동안은 고속 성장을 통해 수익이 커져가지만, 동시에 신사업에 대한 아이디어를 끊임없이 생각해야 합니다. 앞서 보여드린 IPG 로드맵에서 겹쳐있는 큰 동그라미 2개가 신사업 확장을 의미한다고 보면 좋습니다. 대표적으로 토스, 마켓컬리와 같이 메가 사이즈의 투자를 유치한 기업들이 계속해서 핵심 비즈니스의 M&A 혹은 신사업 확장을 하는 것도 별의 영역 다음 단계에 대한 고민일 겁니다. 그리고 이 별의 영역을 지나게 되면 자연스럽게 기업은 캐시카우 영역에 진입하게 되죠.

저희 회사의 비교적 신사업이라 할 수 있는 액셀러레이터 사업도 별과 관련되어 있습니다. 2012년 신사업을 고민했던 시기를 보면 스마트폰이 활성화되고 배달앱들이 본격적으로 경쟁하는 시기와 맞물린다는 것을 알 수 있는데요, 저희 역시 본업만으로는 별의 영역을 사수할 수 없었기 때문에 시장의 변화에 따라 신사업을 찾아 나갔습니다.

물론 초반에도 이야기했듯이 액셀러레이터 사업은 투자와 회수의 목적이 아닌 '기부'와 '상생'의 의미로 출발했었습니다. 그러나 기부를 위한 활동들이 운 좋게 많은 투자회수가 이루어졌고, 본격적인 사업으로 이어지게 되었죠. 초반에는 손익분기점을 넘기도 어려웠고 해야 하는 일들도 너무 많았습니다. 초기투자의 경우 단순히 투자만 하면 끝이라고 생각할 수도 있지만 현실은 전혀 그렇지 않거든요. 기업을 보육, 육성하는 과정이 필요하고 투자 규모에 비례해 필요한 직원 수도 많아지게 되죠. 그래서 이 사업으로 회사가 운영될 수 있을까라는 고민이 들었던 게 한두 번이 아니었습니다.

하지만 저를 포함한 액셀러레이터 전직원이 24시간 업무에 매진했고, 손익분기점을 넘기면서 이익이 발생했습니다. 그래서 더 적극적인 투자활동을 한 결과, 2020년부터 4년 연속 엑셀러레이터 업계 투자건수 1위를 차지하게 되었습니다. 2012년 신사업으로 출발한 액셀러레이터 사업이 BCG 매트릭스에서 '별'의 영역으로 들어서게 된 것이죠.

캐시카우

캐시카우 영역은 시장의 성장률은 낮지만, 경쟁사 대비 상대적으로 높은 시장점유율로 안정적인 현금 창출이 가능한 구간입니다. 대개이 구간에 진입하는 스타트업들은 생산 효율성을 높이면서 수익성을 유지하거나 현금흐름을 기반으로 한 R&D 투자를 통해 신제품을 개발합니다.

또 신시장을 확대하는 다변화 전략도 고려하게 되죠. 예를 들어 콘텐츠와 커뮤니티 플랫폼으로 큰 인기를 얻은 후, 트래픽을 만들어 연관된 커머스 기능으로 매출을 창출하거나, 다른 기업들을 인수하여 덩치를 키우는 전략도 캐시카우 단계에 있는 기업들이 안정적인 현금 흐름을 바탕으로 할 수 있는 전략입니다.

이번에도 저희 회사 사업으로 예를 들어보겠습니다. 푸드테크 기반의 외식주문 중개 서비스는 국내 외식업계에 배달앱과 포스가 연동되는 미들웨어 등의 기반 기술을 제공하면서 성장했습니다. 그리고 대표번호, 온라인 모바일 주문의 UI UX 표준을 업계에 적용하는 SaaS 솔루션을 기반으로 사업 영역을 확장해 나갔죠. 통신업체 KT와 치열한 경쟁을 펼치기도 했지만, 운 좋게도 저희 회사가 시장 1위로 올라서면서 KT는 사업을 철수하게 되었습니다.

저희는 1위를 지키기 위해 수성 전략을 펼쳤습니다. 다른 기업들이 쉽게 진입할 수 없게 영업이익률은 방어하면서 동시에 소비자들에게는 과감한 프로모션을 시도하는 것이죠. 경쟁 기업들이 쫓아오지 못하는 서비스를 제공하는 겁니다. 이러한 과정이 반복되면 자연스럽게 경쟁자들이 추격을 포기하게 되고, 저희 회사의 수익률은 더욱 좋아지게 되죠.

그러나 2010년 이후 배달앱이 성장하면서 저희 사업의 성장세는 주춤하게 되었습니다. 자연스레 푸드테크 사업은 별에서 캐시카우 단계로 이동하게 되었죠. 하지만 매출은 줄었지만 오히려 주력 주문 채널일 때 보다 QC^{Qualiy Control}의 수준이 내려가다 보니, 수익률은 오히려 올라가게 되었습니다. 푸드테크 사업이 회사의 안정적인 캐시카우로서 현금 창출 역할을 해주어 저희 회사는 액셀러레이터 사업을 더 공격적으로 할 수 있었죠

개

'개'라고 불리는 영역은 시장성장률이 매우 낮고 상대적 시장점유율도 낮기 때문에 사업을 줄이거나 매각, 철수, 피보팅^{Pivoting}을 해야 하는 구간입니다. 기업의 성장 단계로 빗대어 보면, 물음표에서 시작해 별의 영역으로 가거나 개 영역에 들어가는 것이죠. 살 수도 있고 죽을 수도 있다는 의미입니다. 이 개의 영역에 들어가면 대부분의 스타트업은 철수하거나 피보팅을 해야 할 상황에 직면합니다. 앞서 말한 의사결정이 중요해지는 순간이죠.

저희 회사도 다른 신사업을 물색하다가 공간 비즈니스를 해본 적이 있습니다. 토즈TOZ와 같은 모임공간을 조성하고 싶은 욕심도 있었고, 1인 창업자를 위한 업무 공간을 만들면 어떨까라는 생각에서 시작했었죠. 하지만 학생들의 독서실로 전락하면서 원하는 방향으로 흘러가지 못했습니다. 물음표에서 시작한 아이디어가 개 영역으로 진입해 버린 것이죠.

이처럼 저도 신사업으로 성공과 실패를 모두 겪었습니다. 하지만 실패를 하더라도 적극적으로 찾아보고 시도하는 과정은 회사가 없어지지 않는 이상 계속되어야 합니다. 영원한 캐시카우 모델은 존재하지 않고, 시장도 인간의 생명처럼 태동기, 성장기, 정체기, 쇠퇴기를 거쳐 가거든요.

BCG 매트릭스에서 이야기하고 싶은 건 바로 '아이디어'에 대한 부분입니다. 투자자가 창업자의 아이디어를 들으면서 매력있다고 생각될 때가 있거든요. 오랜 경험을 바탕으로 현재 이 아이디어를 발전시킨다면 성공할 수 있겠다든지, 아이디어를 여기까지 검증했으니 이대로 성장하면 성공하겠다는 느낌이 올 때가 있습니다. 그런 아이디어는 투자자의 선택을 받고 투자로 이어지게 되죠.

'왜 당신의 아이디어에 투자해야 하나요?'라는 질문을 던질 때 창업자가 '물음표'에 있는 아이디어를 어떠한 방향으로 이끌어 나갈지 잘 보여준다면, 투자자들은 설득될 겁니다.

어느 스타트업 창업자를 만난 적이 있습니다. "사업한지 4년째이고, 지금 현재 이러한 상황입니다"라는 이야기를 듣고, '물음표에서 출발해 현재 개의 위치에 머물러 있구나'라는 생각을 했었죠. 이 창업자는 결국 폐업을 하고 새로운 창업을 했습니다. 그런데 가끔 이러한 히스토리를 가진 창업자가 자신이 실패했던 경험을 숨길 때가 있어요.

그러나 저는 오히려 연쇄창업자가 가지고 있는 경험은 매우 중요하다고 생각합니다. 포기하지 않고 비즈니스를 연구하고, MVP 모델을 기반으로 POC를 하고, 또다시 반복하며 앞으로 나아갔다는 것은 창업자에게 많은 교훈을 주기 때문이죠. 창업자는 연쇄창업을 통해 경험을 쌓으면서 피보팅할 기회를 생각하기도 하고, 다른 관점에서 아이디어를 찾아내기도 합니다. 그래서 만약 창업자들 중에 현재 '개'의 영역에 있다면 낙담할 필요 없습니다. 어떤 방법으로 접근해야 할지, 오히려 새롭게 접근해야 하는지 등의 고민들로 자신도 모르게 피보팅하고 있을 수도 있으니까요.

4장

WHY ME
"왜 '나'에게 투자를 받아야 하나요?"

◆

스타트업은 투자 단계에 따라 다양한 투자기관을 만납니다. 개인이나 정부가 운영하는 펀드를 통해 투자를 받을 수도 있고, 기업의 전략적인 투자유치를 받을 수도 있죠. 국내에 활동하고 있는 액셀러레이터들도 수백 명이 넘습니다.

그런데 스타트업 창업자들은 이 많은 투자자들 중에 왜 하필 저를 선택하는 걸까요? 왜 그들이 저를 선택해 투자를 받으려 할까요? 아마이런 질문은 여러 투자자들도 비슷하게 던지는 질문일 겁니다. 투자자도 스타트업을 선택하지만, 스타트업도 투자자를 선택하거든요. 특히 성장률과 이익이 좋은 기업일 경우 투자자들이 몰리게 되고, 스타트업은 자신이 생각했을 때 가장 좋은 패를 선택할 겁니다. 그렇다면 왜 그들은 우리를 선택하는 걸까요?

푸드테크 스타트업 창업자가 저를 찾아온 적이 있습니다. 이 업체는 이미 POC 검증을 통해 작지만 매출을 만들어 나가고 있었고, 주변 액셀러레이터의 러브콜도 있었다고 합니다. 그러나 '씨엔티테크의 시드투자를 받고 싶다'라며 저를 찾아온 것이죠. 좋은 투자자들도 많은데 왜 저희 회사를 선택한 건지 궁금해서 물어봤습니다. 창업자는 씨엔티테크가 푸드테크 분야의 선두 기업이고, 기존 네트워크가 풍부하기 때문에 자신들의 비즈니스와 시너지가 맞을 것이라 판단했다고 합니다. 아무래도 제 입장에서도 투자기업이 성장하는 게 좋으니, 저희회사 네트워크를 연결해 주는 건 자연스러운 흐름일 테니까요.

이러한 창업자의 모습은 '스마트머니'의 개념을 알고 접근한 케이스입니다. 그렇다면 '스마트머니'란 무엇일까요? 말 그대로 '똑똑한 돈'이라는 겁니다. 그럼 이 '똑똑함'이 붙은 돈은 무엇을 의미할까요? 바로 '미래'라는 가치와 연결됩니다. 스타트업 입장에서 내가 현재 이 투자자의 투자를 받으면 이 기관이 보유한 네트워크를 활용할 수 있겠다는 생각을 하는 것도 스마트한 접근이 되죠.

투자자의 네트워크에는 많은 것이 포함되어 있습니다. 투자자가 보유한 다양한 전문가와의 연결이나 투자유치에 이은 후속투자의 지원, 다양한 경영 및 전문 분야별 멘토링 지원, 사업 전반에 걸친 경영조언 등을 포함하게 되죠. 만약 해외 수출을 원하는 스타트업 창업자가 해외 네트워크가 풍부한 투자기관의 투자를 받게 될 경우, 해당 네트워크 도움을 받을 확률이 높아지게 되는 겁니다.

저희 회사도 스타트업과 함께 해외 출장을 다녀오면서 수많은 기회를 연결시켰습니다. 청춘에프앤비의 경우 저희가 보유한 해외 네트워크를 활용해 좋은 파트너 거래처와 계약을 맺고, 2024년에는 본격적인 해외 수출길이 열리게 되었죠. 해외 네트워크 연결 외에도 저희가 가진 네트워크를 활용해 쿠캣에는 최고기술책임자CTO를 추천하기도 했습니다. CRM 전문 스타트업인 팰로톤에게는 기술을 이전해주기도 했고요. 이처럼 투자자가 가진 네트워크를 잘 활용한다면 상호 연결을 통한 시너지 확장을 경험하게 됩니다.

스마트머니와 더불어 '스마트매칭'이라는 개념도 꺼내야 할 것 같습니다. 가끔 스타트업 창업자에게 왜 저희 회사 투자를 받은 건지 물어봅니다. 그러면 대부분 '스마트매칭' 때문이라고 합니다. 스마트매칭이란 투자자와 창업자 간에 상호 매칭을 위한 연결인데요, 이 개념은 스마트머니와도 연결됩니다.

투자자의 경우 투자한 기업의 성장을 위해 기술지원, 조언뿐만 아니라 각 성장 단계에 맞는 후속투자자와의 연결도 도와줍니다. 바로이러한 각종 지원이 스마트매칭인 것이죠. 이를 통해 창업자는 자신에게 맞는 적합한 후속투자자를 찾아 효율적으로 자금을 조달할 수있고, 새롭게 연결된 투자자를 통해 더 넓은 네트워크도 확보하게 됩니다.

저는 투자기업들을 대상으로 1년 평균 30개 이상의 스마트매칭을 진행합니다. 팁스매칭에서부터 시작해, 벤처캐피털과의 연결을 돕기 위한 VC 네트워킹도 진행하고, Closed IR, 오픈 이노베이션 등 여러 행사를 마련해 창업자들에게 최대한 좋은 기회를 연결하려 합니다. 2023년에는 43개의 팁스매칭을 성공시켜 국내 팁스매칭 건수로는 1위를 차지할 만큼 이 스마트매칭을 통해 더 많은 기회를 얻고, 빠른 성장을 할 수 있도록 도와주고 있습니다.

팁스에 대해 궁금하실 수 있어서 조금 더 이야기를 하자면, 팁스에 지원하기 위한 기본 조건은 법인을 설립한지 7년 이내여야 합니다. 그리고 첨단기술 기반의 기술개발을 계획하여 2인 이상의 팀원과 사업화 가능성이 높은 사업 계획을 수립하고, 자본금은 5천만 원 이상, 대표이사의 신용등급도 일정 기준 이상을 충족해야 지원이 가능합니다.

팁스의 경우에는 '일반 팁스'와 '딥테크 팁스'로 나누어져 운영되는데요, 일반 팁스는 연구개발 및 비연구개발 지원을 통해 기술개발 및 사업화를 촉진합니다. 이와 더불어 투자유치 및 해외진출까지 지원하는 프로그램으로, 최대 3년의 기간동안 민간투자 2억 원, 정부지원 5억 원까지 가능합니다.

딥테크 팁스는 팁스의 한 종류로 기술혁신성, 성장 가능성, 해외진출 가능성이 높은 딥테크 분야 스타트업을 대상으로 지원하는 프로그램입니다. 주로 인공지능, 바이오, 로봇, 반도체 등 기술 난이도가 높고 시장 성장 잠재력이 큰 분야가 딥테크 지원 대상 기업이 됩니다. 대개 민간투자 최소 3억 원을 받아야 지원 가능하고 이를 통해 정부지원은 최대 15억 원까지 가능합니다.

저희는 기술 수준이나 사업화 가능성이 높은 기업은 1억 원 이상의 투자와 팁스매칭을 적극적으로 활용하고 있습니다. 기술혁신성, 해외진출 가능성이 높은 기술기업일 경우에는 3억 원의 투자와 딥테크 팁스매칭을 진행하죠. 사실 이러한 스마트매칭은 기업 입장에서 정말 좋은 제도입니다. 팁스로 받는 지원금은 지분희석이 없기 때문이죠.

저는 팁스 발표를 100여 차례 이상 진행했는데도 몇 날 며칠을 고민합니다. 창업자의 비즈니스 모델을 이해한 상태에서 발표해야 하거든요. 그래서 팁스를 준비하면서 창업자들과 소통을 더 많이 하게 되죠. 창업자의 생각을 들으면 온전히 이해할 수 있으니까요.

스타트업 창업자는 시중에 흐르는 수많은 돈 중에 어떠한 돈이 스마트머니인지 찾아낼 수 있어야 합니다. 따라서 스스로에게 이런 질문을 던져보는 거죠. '이 투자자를 통해 투자금을 받으면 후속투자에도 이어질 수 있을까?' '이 투자자는 사업 고민을 들어주고 경영 조언도 해줄 수 있을까?' '내가 필요한 네트워크 찾는 걸 도와줄 수 있을까?' 이러한 질문들을 던져보면서 투자자를 스마트하게 선택해야 합니다.

매력을 끄는 IR, 6단계로 끝내라

◆

1부에서는 투자자는 도대체 무슨 생각을 하는지, 그리고 어떠한 질문을 하는지 4 Why로 알아봤습니다. 창업자들이 투자자의 생각을 읽고, 투자유치 혹은 네트워킹을 하는데 참고가 되었으면 좋겠네요.

2부에서는 IR 발표자료를 어떻게 작성해야 하는지 알려드리려 합니다.

모든 성장 단계의 스타트업은 투자유치를 위해 끊임없이 IR Deck을 만들고 수정해 나갑니다. 초기투자 단계와 시리즈 A 단계의 IR Deck만 해도 확실히 내용이 다르거든요. 초기에는 단순히 시장만 예측했다면, 매출 성과가 있는 시리즈 A 단계에서는 명확한 숫자로 이야기해야 하죠. 그래서 창업자는 성장 단계에 따라 꾸준히 IR Deck 업데이트 과정을 겪습니다. 이렇게 말하면 매번 어떻게 바꾸어야 하나 고민이 될 텐데요, 다행히 큰 맥락은 언제나 같습니다. IR Deck에서 적용되는 6가지 규칙이 있기 때문이죠.

    초기 스타트업이 시드투자 유치를 위해 IR Deck을 작성하지만 두서없이 장황하게 쓰는 경우가 많습니다. 그러나 핵심 내용도 없이 가득 채워지기만 한 장표는 투자자의 흥미를 끌지 못하죠. 그렇다면 이 IR Deck은 어떻게 써야 투자자의 관심을 사로잡을 수 있을까요? 여러분들을 위해 '효과적인 IR Deck 작성법'을 알려드리도록 하겠습니다.

    스타트업 투자자는 경우에 따라 5분 발표, 7분 발표, 15분 발표 등 다양한 발표 기회를 갖습니다. 시간 내에 발표를 해야 하기 때문에 어떤 내용을 넣고 빼야 하는지 고민이 많을 겁니다. 하지만 아래의 6단계로 이야기한다면 전혀 문제없습니다.

문제정의 → 문제해결 → 기술소개
↓
팀소개 ← 비즈니스모델 ← 경쟁사

이렇게 구성하면 시드투자 단계에서부터 시리즈 A 이후 단계에 이르기까지 장표의 수나 내용의 디테일이 달라지겠지만, 뼈대는 그대로 가져갈 수 있습니다.

예를 들어 시드투자에서 7분 정도 발표를 한다면 6단계의 발표 장표를 15~20장 내외로 구성하면 되겠죠. 시리즈 A 단계 이후는 보통 15~20분으로 진행되기 때문에 20~30장으로 구성하면 좋습니다. 만약 이보다 발표 장표가 많아지게 되면 창업자도 시간에 쫓기기 때문에 긴장하게 되고, 투자자 입장에서도 불안한 눈빛으로 쳐다보게 됩니다.

종종 스타트업 창업자들이 자신의 이야기를 잔뜩 담아내고 싶어서 70~80장 장표를 만드는 경우도 있습니다. 하지만 이렇게 준비해 온다 하더라도 제한 시간 내에 발표를 다 할 수도 없고, 본질까지 놓칠 수 있기 때문에 오히려 독이 됩니다. 제한 시간 내에 효과적인 장표 구성과, 명료하고 간결한 비즈니스 핵심만을 짚어주는 것이 좋은 전략입니다.

만약 창업자가 하고 싶은 말은 다 해야겠다는 심정으로 제한 시간을 지키지 않는다면, 오히려 투자자는 약속을 지키지 않는 사람이라는 생각을 하게 됩니다. 시간이 주어졌다는 것은 그 시간 내에 논리적으로 끝내야 한다는 걸 의미하니까요. 그러므로 발표 시간을 고려한 장표 구성과 시나리오 구성을 통해 연습을 하는 것도 창업자에게는 중요합니다.

IR Deck 6단계의 구체적인 구성은 어떻게 하면 좋을까요? 큰 틀에서 이야기하자면 전체 발표 분량의 20%를 문제정의와 문제해결에 비중을 두고 60%를 기술소개 및 경쟁사 분석에 둡니다. 그리고 나머지 20%를 비즈니스 모델과 팀 소개로 발표하는 것이 투자자가 사업을 빠르게 이해하는 데 도움을 줍니다. 더불어 시드투자나 Pre-A 투자 단계에서는 기술소개에 비중을 둔다면 더 좋습니다. 이 단계에서는 비즈니스 모델의 피보팅이 수시로 일어나긴 하지만, 핵심 기술은 변하지 않기 때문에 큰 맥락에서 볼 때 기술에 대해 이야기하는 것이 좋거든요.

자, 이제 6단계의 각 구성을 조금 더 자세하게 이야기해 보겠습니다.

1장

문제정의와 문제해결

◆

IR Deck의 시작은 보통 문제정의에서 출발합니다. 문제정의는 창업자가 '왜 이 비즈니스를 하게 되었는가'에 대한 고민에서 시작되죠. '내가 경험을 해보니' '내가 현업에서 서비스를 진행하다 보니'와 같이 창업자가 겪은 경험에 근거하여 문제를 느끼고, 이 문제를 해결하고자 하는 의지에서 비즈니스는 출발합니다. 물론 창업자의 경험없이 바로 현상에 대해 이야기하는 경우도 많지만, 사실 투자자가 좋아하는 비즈니스의 시작은 창업자의 경험에서 비롯된 이야기입니다.

왜 투자자는 창업자의 경험을 좋아할까요? 책의 초반부에서 이야기했듯이 창업자가 문제를 직접 경험하고 이를 해결하고자 나온 아이디어의 경우, 문제의 질이 훨씬 깊기 때문입니다. 단순히 제3자 입장에서 현상을 관찰한 후 나온 아이디어 보다 문제 해결책이 훨씬 정교하거든요. 그래서 투자자는 경험을 좋아하는 것이죠.

IR 데모데이 현장에서 건설 분야 스타트업의 발표를 들은 적이 있습니다. 이 기업은 여러 건설 현장에서 '거푸집'으로 인한 인명 사고가 워낙 많다 보니, 이를 개선한 제품을 만들었고 향후 해외 수출을 통해 수익화 전략을 펼쳐 나가겠다고 했습니다.

저는 사회 현상과 인명사고 데이터만 잔뜩 넣은 발표를 듣다가 문득 궁금해졌습니다. 그래서 "대표님 왜 이 고민을 하게 되셨어요?" 라고 묻자, 창업자는 그제서야 거푸집 기술개발로 11년간 연구를 해왔고, 5년 넘게 해외 영업까지 해왔다고 이야기했습니다.

무려 16년간 경험하며 부딪혔던 문제에 대해 이야기를 하지 않고, 남의 데이터만 잔뜩 넣었던 것이죠. '나'의 이야기가 아닌 '누군가'의 이야기가 되어버린 겁니다. 그래서 제가 오히려 조언을 해주었습니다. 창업자가 현장에서 겪은 경험을 먼저 이야기하면 투자자들이 훨씬 더 고개를 끄덕일 것이라고 말이죠.

투자자들은 이미 수천 개 이상의 IR 발표자료를 보기 때문에 이미 상식적인 현상이나 데이터에 대해 인지하고 있습니다. 굳이 한정된 시간 속에 남의 데이터를 강조하는 것보다 '창업자 경험에 의한 문제정의'로 출발하는 것이 더 낫습니다.

투자자들이 스타트업 창업자에게 '대표님 보고 투자해요'라는 말을 종종 합니다. 그런데 사람을 보고 투자한다는 것을 자신의 스펙이나 맨파워를 보고 투자한다고 잘못 이해하는 창업자가 있습니다. 이러한 착각으로 이어진 발표는 대체로 초반부터 창업자의 인생 이야기만 잔뜩 하고, 나중에는 시간에 쫓겨 비즈니스 모델을 서둘러 끝내 버리게 되죠. 이렇게 두루뭉술하게 진행된 발표는 오히려 투자자들에게 비즈니스 모델이 약하다는 부정적인 인상만 남깁니다. '대표님 보고 투자해요'를 잘못 이해하는 데에서 시작되는 것이죠.

투자자가 이야기하는 '대표를 본다'는 창업자가 문제정의와 문제해결에 있어 얼마나 깊은 고민을 했고 열정이 넘치는지를 살펴보는 겁니다. 창업자가 오랫동안 고민했다면 솔루션의 질은 정말 좋거든요.

그리고 그러한 솔루션을 구현해 낼 수 있는 '문제해결'과 '기술소개' 장표만 보면 자연스럽게 대표의 역량과 팀의 역량도 알 수 있게 됩니다. 문제를 해결하기 위해 이 정도의 기술 구현을 했다면, 당연히 창업자와 창업팀의 역량 역시 뛰어나겠다고 논리적 유추를 하게 되거든요.

그러므로 창업자가 집중해야 하는 IR 장표는 '내가 겪은 문제를 어떻게 해결해 나갈 수 있을까'를 정교하게 적어 내는 것입니다. 이를테면 창업자가 제시하는 솔루션의 핵심 기술은 무엇이고 어떻게 작동하는지, 우리의 핵심 기술은 차별점과 혁신성이 있는지, 관련 기술개발의 경험치는 충분히 있는지에 대한 내용이 들어갈 수 있겠죠. 또한 솔루션이 적용되는 시장과 고객의 니즈, 경쟁 환경과 진입장벽을 간략하게 분석한다면 솔루션이 실제로 작동할 수 있겠다는 상상을 투자자에게 심어주게 됩니다. 덧붙여서 우리가 진입하려는 시장의 소비자에게 어떠한 가치를 제공하는지, 고객의 문제를 어떻게 해결할 수 있는지에 대한 이야기도 한다면 투자자의 설득력을 더 끌어낼 수 있겠죠.

따라서 문제정의와 문제해결로의 연결, 논리적이면서 구체적인 솔루션을 적는 것이 창업자의 스펙이나 과거 이야기를 하는 것보다 훨씬 효과가 있습니다.

2장

기술소개와 경쟁사 분석

◆

　기술소개는 스타트업의 핵심 역량과 맞닿아 있습니다. 투자자는 이 장표를 통해 비즈니스 모델이 매력있는지, 경쟁 우위가 있는지에 대해 파악하고 팀의 역량도 가늠합니다. 그러므로 초기 기업일수록 기술소개 장표를 탄탄하게 만드는 것이 중요하죠.

　저는 매주 수많은 스타트업의 IR 발표를 듣는데요, 창업자가 설명하는 기술소개 장표에서 이 회사가 보유한 기술이나 확보할 기술을 자세히 살펴봅니다. 그리고 창업자가 기술 구현을 위해 어떠한 팀을 확보하고 있는지 팀 빌딩도 함께 보죠.

　그러나 일부 스타트업들이 잘못된 멘토링을 받아 기술소개 장표를 전부 부록^{appendix}으로 빼는 경우가 있습니다. 시드투자 단계의 기업들은 매출 성장성을 보여주거나 점유율 확보와 같은 가시적인 데이터를 보여줄 수 없습니다. 이들이 어필할 수 있는 게 재무상의 숫자라 아니라 '기술소개'라는 거죠. 따라서 초기 스타트업의 발표가 투자자의 매력을 끌어내려면 기술소개 장표가 핵심이 될 수밖에 없습니다. 우리가 가진 무기가 이런 것이고, 이 무기를 통해 매출을 만들어 나갈 것이다는 방향을 보여줘야 하는 것이죠.

아니면 IR Deck에서 5개년 매출 추정이나 다음 장에서 설명할 TAM-SAM-SOM의 정의에 따라 우리는 이 시장에 몇 % 점유율을 확보해 나가겠다는 비전 제시도 좋습니다. 그러나 이 부분은 '앞으로 하겠다'는 목표이지 지금 당장 우리에게 주어진 것은 아니거든요. 그래서 투자자들이 주목하는 부분은 기술소개 장표에서 '창업자가 지금 가지고 있는 기술은 무엇인가'가 됩니다.

기술소개 장표에는 주로 회사의 특허기술, 독자적인 기술 스택, 혁신적인 알고리즘을 비롯해 현재 기술개발 단계와 개발 계획, 주요 기술적 성과, MVP 모델과 시험 결과, 상용화 계획 및 시기, 기술의 혁신성 및 독창성, 경쟁 기술 대비 주요 차별화 포인트, 시장 잠재력 등이 들어갑니다.

특히 기술에 있어서는 차별성을 보여주는 기술, 데이터 등을 구체적으로 설명해 이해를 돕는 것도 좋습니다. 이와 더불어 미래 기술개발 계획과 신규 시장 진출 계획, 비전 등을 제시할 수 있으면 투자자의 신뢰를 더 많이 얻을 수 있겠죠.

예를 들어 우리가 보유하거나 개발하는 기술이 고객의 어떤 문제를 해결하고 가치를 이끌어 내는지, 타깃 고객층을 명확히 제시하고 이에 따른 기술 적용이 가능한지, 시장 잠재력이 있고 시장에서 선보일 수 있는 기술인지 등이 포함되면 좋습니다. 또한 초기 기업의 경우 MVP 프로토타입이 있다면 개발과정이나 실제 사용자의 피드백을 통한 기술 검증 결과를 강조하는 것도 좋고요.

기술소개 다음 경쟁자 분석 흐름의 장표로 구성하게 되면, 자연스럽게 창업자의 기술 수준은 어느 정도이고 경쟁사 대비 어떠한 차별적 우위가 있는지에 연결됩니다. 이를 통해 투자자들은 시장에서 유의미한 성장을 만들어낼 수도 있겠다는 생각이 들죠. 그러므로 기술소개 장표를 생략하거나 부록으로 빼는 것은 하지 않는 편이 좋습니다.

기술소개 장표라 하여 기술만 기재해야 한다고 생각하지만, 이 장표에서는 우리의 핵심 역량을 강조하면 됩니다. 기술 기반 스타트업이 아닐 경우 기술보다는 비즈니스 모델, 운영 능력, 브랜드 가치, 강력한 네트워크, 고객 중심의 서비스, 차별화된 콘텐츠 등 기술 외적으로 우리가 보유한 역량을 강조하는 것이 좋겠죠. 예를 들어 콘텐츠 기업이라면 차별화된 콘텐츠 제작 역량이나 고품질 콘텐츠를 제작하는 시스템, 툴, 데이터 분석 능력 및 콘텐츠 등 커뮤니티 운영 역량도 기술과 같은 핵심 역량이 될 수 있습니다.

요약하자면 기술소개 장표에는 우리의 전문 영역을 잘 표현하면 된다는 뜻이죠.

경쟁사 분석의 경우 경쟁 환경에 대한 이야기와 주요 경쟁사 비교, 우리 기업의 강점 혹은 차별성이 강조되면 좋습니다.

경쟁 환경에 대한 이야기라는 것은, 타깃 시장에서의 직접 경쟁 기업과 간접 경쟁 기업을 추려내라는 것이죠. 이때 창업자는 우리 회사와 경쟁사의 핵심 역량, 비지니스 모델, 강점 및 약점을 분석하게 됩니다. 이 핵심 역량에는 기술, 운영, 마케팅을 넣고, 비지니스 모델에는 수익 모델, 주요 제품 서비스의 비교가 들어간다면 좋은 장표가 됩니다. 강점과 약점 같은 경우 SWOT 분석을 활용하고 있지만, 우리 회사의 차별적 경쟁 우위만 잘 드러나도 전혀 문제가 되지 않습니다.

만약 우리 기술이 새로운 기술일 경우에는 동일한 경쟁자가 없더라도 유사 기술을 보유한 기업을 보여주고, 이들의 투자유치 사례를 보여준다면 투자자가 의사결정을 하는데 훨씬 도움이 됩니다. 그리고 경쟁사와의 비교 테이블을 보기 쉽게 구성하고, 포지셔닝 맵 형태를 활용하는 것도 투자자의 빠른 이해를 도운 좋은 장표가 되죠. 제한된 시간 내에 그래프, 차트, 표를 적극 활용한 IR Deck은 투자자의 입장을 고려해서 만들었다는 인상을 주거든요.

그러나 동일한 비즈니스 모델이나 기술이 없다고 하여 '경쟁자 없음'이라고 적는 것은 잘못된 방식입니다. 경쟁자가 없다고 이야기할 경우 투자자들이 다음과 같은 생각을 하기 때문이죠. '창업자가 시장에 대한 이해가 부족하다' '투자 매력도가 없는 시장이진 않을까?'

'경쟁자 없음'이라는 표현에 왜 이런 생각을 하게 되는 걸까요? 모든 비즈니스는 직접적인 경쟁자가 없더라도 간접적인 경쟁이나 대체

재가 존재하기 때문이죠. 초기 스타트업이 보여주는 기술이 전 세계에서 유일하고 유니크하기는 힘듭니다. 그래서 경쟁사 정의와 시장 및 고객 분석을 제대로 하지 못했다는 인상만 남게 되죠.

또한 경쟁이 없는 시장일 경우 성장 가능성이 아예 낮거나, 이미 포화 상태일 가능성이 높다고 판단할 수도 있습니다. 혹은 기술적 장벽, 규제 장벽, 높은 진입 비용 등과 같은 이유라고 생각될 수도 있고요. 만약 그렇다면 해당 근거를 명확하게 설명하고 투자자가 납득할 수 있어야 합니다.

그리고 경쟁이 없는 경우라 할지라도 미래에 새로운 경쟁자가 등장할 가능성도 고려해야 합니다. 경쟁 환경에 대한 대비책을 제시하지 못할 경우 투자자들은 창업자의 전략적 사고에 대한 의문을 가지게 되거든요.

그렇다면 창업자는 '경쟁자 없음'이라는 표현 대신 도대체 어떠한 표현을 써야 할까요? '직접적인 경쟁사는 없지만 간접적인 경쟁사나 대체재는 존재합니다' '현재 시장은 초기 단계이나 시장이 빠르게 성장하고 있어 미래에 새로운 경쟁자가 등장할 가능성이 높습니다' 이렇게 겸손하게 표현하는 것이 오히려 투자자 입장에서 논리적으로 설득될 수 있습니다.

3장

비즈니스 모델

◆

공자의 논어論語에는 회사후소繪事後素라는 말이 있습니다. 회사후소란 그림을 그리는 일은 흰 바탕이 있은 이후에 가능하다는 뜻입니다. 즉 본질이 있어야 꾸밈이 가능하다는 이야기죠. 비즈니스 모델 장표가 바로 회사후소 이야기에 빗댈 수 있을 것 같습니다. 창업자가 비즈니스 모델을 장표에서 표현한다는 것은 '우리는 이렇게 돈을 벌 거야' '우리는 이렇게 시장을 장악해 나갈 거야'라는 것을 명확히 보여줌을 의미하거든요. 그래서 이 장표는 창업자가 운영하는 스타트업의 본질을 이야기한다고 보면 좋습니다.

미사여구를 다 떼고 우리 비즈니스는 수수료 수익 모델인 건지, 하드웨어 판매를 통해 매출이 일어날 건지 아니면 용역 매출을 할 건지 등 이처럼 구체적인 기업 운영을 이야기해 나가야 합니다. 투자자는 이 장표를 통해 회사가 걷고자 하는 비즈니스 방향을 알 수 있고, 여기에서 제시하는 타깃 시장의 규모, 해당 시장에서 차지하려는 시장점유율, 그리고 향후 5개년 매출 추정을 통해 기업 목표치를 짐작할 수 있거든요.

그래서 이 장표는 다른 장표보다 특히 창업자의 상상이 많이 들어가게 됩니다. 사실 매출 추정이라는 것도 약속된 '확정 숫자'를 의미하진 않기 때문이죠. 우리가 가야 하는 시장에 대한 규모나 그 안에서의 위치 확보도 결국 우리 마음속의 열망을 투영한 것이니까요.

그런데 가끔 초기 IR Deck 비즈니스 모델을 보면서 놀랄 때가 많습니다. 기본적으로 비즈니스에 대해 이야기를 하면 수익 구조가 명확히 나와줘야 하는데 이 부분이 누락이 되어 있거든요.

저는 이런 발표를 들으면 "그래서 수익 구조가 어떻게 되죠?"라는 질문을 던지게 되는데요, 사실 이 질문을 던진다는 것 자체가 IR Deck 이 미완성이라는 것을 의미하죠.

창업자가 투자자 앞에서 비즈니스 이야기를 할 때는 1~2장으로 끝내도 됩니다. 우리는 어떤 비즈니스 하고 어떻게 매출을 만들 건데 우리가 가진 무기는 이거다! 라고 명확하게 이야기하면 되니까요.

그렇다면 비즈니스 모델 장표에는 어떤 이야기를 해야 설득력을 높일 수 있을까요? 바로 '수익화 모델' '시장 규모' '매출 추정'입니다.

먼저 '수익화 모델'을 설명해 볼까요? 아주 간단합니다. '우리 비즈니스는 이러한 구조이고, 누구를 타깃으로 시장에 진입해 이렇게 돈을 벌 것이다'라고 하는 것이죠.

'시장 규모'의 경우 저는 초기 스타트업은 반드시 TAM-SAM-SOM 구조로 이야기하라고 합니다. 전체 시장을 조망하는데 도움이 되기 때문이죠.

이 개념을 제대로 이해하지 않은 초기 창업자의 경우 시장 규모 추정에서 가끔 실수를 합니다. SOM의 경우 2조 원 이런 식으로 툭 제시하는 경우가 있거든요. 그러면 투자자 입장에서는 '아 잘 모르는 구나'라는 생각이 듭니다.

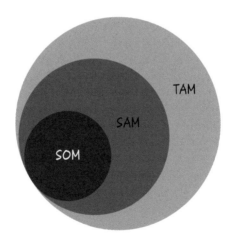

그렇다면 TAM-SAM-SOM은 어떻게 정의하고 써야 할까요?

스타트업이 정의하는 TAM^{Total Addressable Market}은 전체 시장을 의미하며 이들이 진출하려는 시장의 전체 규모를 파악하고, 경쟁 환경을 이해하는 데 활용됩니다. 보통 시장조사, 통계자료, 전문가 의견 등을 추정하게 되죠.

SAM^{Serviceable Addressable Market}은 제품 또는 서비스의 유효 시장 규모를 의미하는데요, TAM에서의 경쟁 우위, 타깃 고객층, 시장 진입 전략 등을 활용하여 SAM을 추정할 수 있습니다.

마지막으로 SOM^{Serviceable Obtainable Market}은 수익 시장 규모로, SAM에서는 목표 시장점유율 및 마케팅 전략을 추정하여 유효 시장 규모를 파악했다면, 이 SOM에서는 실제 확보 가능한 시장 규모를 추정합니다.

여러분들이 이해하기 쉽게 예를 들어보겠습니다.

만약 스타트업 창업자가 1:1방문 PT^{Personal Training} 서비스를 운영한다고 해봅시다. 이때 SOM을 활용해 2~3년 안에 매출을 만들어낼 수 있는 '수익 시장'을 추정해 보는 것이죠

서울지역 거주자 중 4인 가구가 사는 아파트의 인구를 타깃 고객으로 삼고, 그중 2%의 시장점유율을 2~3년 안에 획득하겠다는 목표를 가지고 있다면 **[서울지역 거주자] × [4인 가구가 사는 아파트 인구] × 2% 점유율 × 서비스 객단가** 이런 식으로 SOM의 시장 규모를 추정하게 됩니다.

그렇다면 SAM은 '유효 시장'이니 적용할 범위를 **국내 PT 전체 시장 규모**로 추정할 수 있습니다

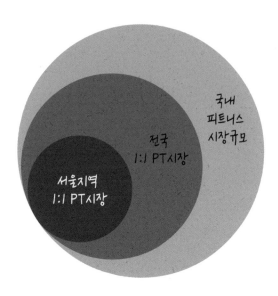

마지막으로 '전체 시장'까지 비즈니스가 확장했다면 상위 카테고리인 **국내 피트니스센터 전체 시장 규모**로 TAM을 추정해 보는 거죠.

이제 조금은 명확해지지 않았나요? 다른 예를 하나 더 들어볼까요?

만약 강원도 춘천에서 수상스키 서비스를 할 경우, SOM은 [강원도 춘천의 거주자] × [강원도 춘천의 수상스키를 즐기는 인구] × [우리가 확보할 시장점유율] × [서비스 객단가]를 고려하면 됩니다. 그리고 SAM은 수상스키 서비스의 국내 전체 범위, 즉 '국내 수상스키 시장 규모'가 되겠죠. TAM은 수상스키의 상위 카테고리인 '국내 레포츠 시장 규모'로 추정해 볼 수 있습니다.

투자자 입장에서 초기 스타트업이 제시하는 적절한 SOM의 규모는 대략 200억 원 내외입니다. 앞서 초기투자자가 이야기한 2조 원은 사실 말도 안 되죠. 직접 TAM, SAM, SOM을 추정해서 현실적인 계산 결과를 제시하는 게 안전하고 설득력 있는 장표가 됩니다.

자, 이제 마지막으로 '매출 추정'을 설명해 볼게요. 매출이 전혀 발생하지 않는 초기 기업은 어떻게 써야 할지 벌써부터 난감하실 겁니다. 이미 2~3년 매출이 있는 기업은 기존 자료에 근거하여 추정하면 되거든요. 그렇다면 초기 기업은 매출 추정 자료를 대체 어떻게 써야 할까요?

바로 TAM-SAM-SOM을 활용하여 우리가 시장에서 어떻게 성장해 나갈지를 보여주면 됩니다. 대개 매출 추정은 5개년으로 두고 하는 것이 좋은데요, 향후 5년 동안 어떤 방법으로 매출 성장을 가져갈지 추정하는 것에 따라 투자자는 해당 창업자의 속도, 추진력도 함께 판단할 수 있습니다.

그렇다고 해서 무리하게 올해 100억, 내년 300억 원 이런 식으로 추정하는 것은 투자자 입장에서 의구심만 들게 됩니다. 따라서 합리적인 매출 추정이 중요하죠. 어느 시점에 우리 회사가 손익분기점을 돌파할 수 있을지 제시하는 것도 좋고요.

사실 투자자들에게 가장 매력있는 IR 발표는 '이 투자를 유치하게 되면 6개월 뒤에 손익분기점을 달성하고, 그다음 투자 라운드가 없어도 회사 운영이 가능하다'와 같은 발표입니다.

　만약 '이번 투자를 받은 뒤, 6개월 뒤에도 자금 조달을 위해 추가 투자유치를 할 것이다'라는 발표를 한다면 대부분의 투자자들은 망설일 수밖에 없죠. 이 회사는 투자 없이 생존할 수 없다고 판단되기 때문입니다. 그러므로 이번 투자를 통해 점프업을 하고 빠르게 성장 안정까지 할 수 있다는 확신을 주면 투자자는 쉽게 투자 결정을 할 수 있습니다.

4장

팀 소개

◆

IR Deck의 가장 마지막 장표는 바로 팀 소개입니다. 이 장표를 통해 투자자는 스타트업의 역량과 경험을 한눈에 살펴볼 수 있죠. 대부분 팀의 핵심 인력과 이들의 경험, 전문성을 기재하기 때문에 지난 경험을 통해 현재 비즈니스 모델을 구현할 수 있는지 파악하게 됩니다. 그러므로 핵심 인재를 한눈에 보기 쉽게 정리하는 것이 좋죠.

예를 들어 팀 구성원의 이름, 직책, 사진, 간략한 경력 및 전문분야, 주요 성과와 팀의 핵심 역량 및 차별화된 기술, 전문지식을 강조하는 겁니다. 이러한 팀 소개를 통해 투자자는 문제정의부터 기술개발 역량이 되는지도 파악할 수 있고, 어떤 성장 방향으로 갈지에 대해 가늠하기도 쉽습니다. 또한 향후 성장을 위해 어떠한 인력 충원이 있으면 좋을 것이라는 판단도 하게 되고요. 그래서 팀 소개 부분의 경우 회사의 기술과 연결되는 역량, 전문성이 잘 표현되면 좋습니다.

이렇게 해서 매력을 끄는 IR Deck 6단계를 모두 살펴봤는데요, 아래의 구성대로라면 대략 15페이지 분량의 장표를 구성하게 되며, 시드투자 단계에서 진행되는 7분 발표도 시간 내에 끝낼 수 있습니다.

① 문제정의 : 창업자의 경험 강조 (장표수: 3페이지)

② 솔루션(문제해결) : 문제인식에 근거한 구체적인 솔루션 (장표수: 1-2페이지)

③ 기술소개(핵심역량): 차별화된 핵심 기술 강조 (장표수: 3-4페이지)

④ 경쟁사 분석 : 포지셔닝맵 형태 (장표수: 1페이지)

⑤ 비즈니스 모델: 수익화전략, 시장규모, 매출 추정 (장표수: 3-4페이지)

⑥ 팀 소개: 팀의 전문성 및 경험 강조 (장표수: 1페이지)

3부

한 끗 차이가 투자를 이끌어낸다

◆

저는 매주 수많은 기업의 IR 자료를 받습니다. 보육하는 회사들의 IR Deck에서부터 메일로 들어오는 것까지 정말 셀 수도 없는데요, 이렇게 들어오는 메일은 100% 제 손을 거칩니다. 한 기업도 놓치지 않고 확인하는 것이 제 나름의 원칙이기 때문이죠.

그래서 저희 회사 보육 프로그램 혜택을 받지 못하는 일반 창업자들을 위해 매주 토요일 온라인 줌미팅을 진행했었습니다. 회사 메일로 접수된 IR 자료를 바탕으로 10분씩 포인트만 짚어준 거죠. 토요일 4시간씩 연속으로 진행했으니, 주당 대략 24개의 스타트업 창업자와 미팅을 가졌습니다.

그러던 어느 날 미팅이 1분씩 밀렸고, 8분을 대기하던 창업자는 참지 못하고 나가버렸습니다. 다시 안내를 했지만 들어오지 않고 오히려 약속을 어겼다고 메일로 항의를 하더군요. 아무런 대가를 바라지 않고 그저 도와주고 싶었던 순수한 마음이 왜곡되는 것 같아 좀 속상했습니다. 이후 저는 몇 번의 유사한 상황을 겪고 결국 서면 회신으로 바뀌게 되었습니다. 자신의 시간이 빼앗겼다고만 생각하지 상대방의 시간에 대해서는 생각하지 않더군요.

프랑스에서 '매너'는 삶을 아름답게 사는 방법이라고 합니다. 그럼 아름답게 산다는 건 무엇일까요?

수많은 사람들이 모여 살며 커뮤니케이션하는 과정은 마치 오케스트라 같습니다. 바이올린처럼 전체를 리드하는 악기가 있을 수도 있고, 소리 소문 없이 조용하지만 든든하게 받쳐주는 더블베이스도 있는 거죠. 이렇게 모든 악기가 조화를 이루는 가운데 아름다운 곡이 완성되고, 그것이 곧 아름다운 삶이자 매너 있는 삶이 아닐까 생각합니다. 상대를 배려하는 '매너'가 오케스트라처럼 어우러져 아름다운 삶을 만드니까요.

창업자와 투자자의 만남도 매너로 시작해서 매너로 끝납니다. 우리가 어떠한 인연으로 이어지고 관계가 맺어질지는 아무도 모르기 때문에 모든 순간에서 '매너'있는 태도는 참 중요하죠. IR 발표 자리에서도 이 매너는 창업자와 투자자 간의 커뮤니케이션 속에서 형성됩니다. 다소 긴장된 분위기를 풀어주는 투자자도 있고, 자신 있게 발표를 리드하는 창업자도 있죠. 그 모든 조화가 담겨 있어 IR 발표 현장은 늘 생동감이 넘칩니다.

이 '매너'는 기본이니 더 이상 언급하지 않겠습니다. 대신 효과적인 IR 발표는 어떻게 해야 하는지 핵심 포인트 몇 가지를 설명해 볼게요. 잘 쓰는 IR Deck 못지않게 잘 하는 IR 발표도 중요하거든요.

IR Deck을 아무리 잘 써도 발표를 너무 어렵게 해서 주목을 받지 못하거나, 투자자들도 듣기 어려운 발표로 힘들어하는 경우가 있습니다.

창업자는 투자유치를 위해 IR 데모데이, Closed IR 등 다양한 발표 기회를 갖는데요, 이 발표 현장에서 주목받기 위해 우리는 어떤 한 끗 차이를 만들면 좋을까요? 투자자들은 가끔 창업자가 뽑아내는 키워드나 방향을 읽고 '오!'라는 감탄사를 뱉을 때가 있습니다. 사실 10분 만에 투자자를 사로잡기는 힘들지만 몇 가지 팁은 있죠. 저는 그중에서 4가지만 이야기해 볼게요.

참고로 '오!' 를 끌어내도 무조건 투자로 이어지는 것은 아니니 오해 없기를 바랍니다. 다만 접근하는 방식, 사용하는 키워드의 '한 끗 차이'가 투자자의 이목을 끌고, 또 다른 기회로 연결될 수도 있으니 그 기회를 찾는 4가지의 팁을 알려 드리겠습니다.

① 키워드를 공략하라!
② 매출이 높은 곳에 BM이 있다!
③ 잘하는 것에 집중하라!
④ 타깃 펀드를 공략하라!

내용 이해를 돕기 위해 제가 2024년 2월 스타트업 창업캠프에 참여해, 1박 2일 동안 IR 멘토링 진행했던 사례를 공유하겠습니다. 해당 기업들의 경우 현재 사업이 발전 중이기 때문에 기업명을 밝히지 않고 이야기해 볼게요.

1장

키워드를 공략하라

◆

A 스타트업은 창업자가 지난 25년간 현업에 종사했던 잠수사였습니다. 산소통의 공기질이 오염되어 목숨이 위험했던 적도 많았고, 항상 산소통에 대한 여러 이슈를 발견하다 보니 공기질을 분석할 수 있는 솔루션을 제안하게 된 거죠. 그런데 공기질 분석기만으로는 키워드가 약하다는 생각이 들어 기술에 대해 더 물어봤습니다. 알고 보니 이 창업자는 산소통에 산소를 감압, 유동, 충전까지 할 수 있는 뛰어난 기술도 보유하고 있더군요. 비즈니스 모델에서 중요한 키워드를 여러 개 가지고 있는데 참 아쉬운 발표라는 생각이 들었습니다.

그래서 저는 '해양-잠수-산소통'과 연결되는 키워드를 공략하고, 오히려 공기질 분석보다는 '감압-유동-충전' 기술에 포커스를 두면 더 매력이 있을 것이라고 조언해 줬습니다. 창업자는 B2C로 무리한 수익화를 제시하다 보니, 핵심 타깃층이나 본질도 흐려졌었거든요.

그리고 혹시 투자를 받고 싶은 펀드에 대해 고민할 경우 블라인드 펀드 보다 해양 펀드 쪽에 포커스를 두고, 1.4조 원 규모의 산소통 시장을 공략하는 방법도 고민해 보라고 조언해 주었습니다.

B 스타트업은 창업자가 운동선수 출신이고 핵심 창업팀도 모두 운동선수 출신이었습니다. 선수 출신임에도 매일 운동하는 것이 어려워, 어떻게 하면 운동을 재밌게 할 수 있는지 가이드를 주는 앱을 개발한 것이죠.

이 앱의 기본 기술은 모션 디텍팅으로, 소비자들이 모션을 컨트롤하고 따라 하며 킥복싱, 복싱과 같은 다양한 동작을 배울 수 있게 개발했습니다. 그런데 창업자의 발표는 대부분 킥복싱에 집중되어 있는데, 준비된 장표들은 덤벨을 들고 있는 평범한 헬스 사진이었습니다. 사실 '킥복싱' '복싱' 등 특징적인 키워드를 사용하여 준비하면 평범한 '모든 운동' 보다 더 눈길이 가거든요.

발표를 듣고 저는 창업자에게 질문을 던졌습니다. 앱의 동작을 보니 대부분 복싱류인 것 같은데 왜 이 운동을 선택했는지에 대해 말이죠. 알고 보니 창업자와 핵심 창업 팀원 모두 킥복싱, 복싱 선수 출신이었습니다. 그렇다면 더더욱 '킥복싱'이라는 키워드를 초반부터 잡고 가는 것이 창업자의 경험과 앱의 연관성도 높아져 훨씬 매력 있는 발표가 되지 않았을까요? 더군다나 맨 앞 장표에 덤벨을 든 남녀가 운동하는 사진으로 시작할 경우 투자자에게 '일반 피트니스 시장과 경쟁해야 한다'라는 선입견을 심어주게 되죠. 한 끗 차이를 만들려면 '킥복싱'을 중심으로 한 창업자의 경험과, 모바일 앱에 대한 키워드로 풀어나가야 합니다.

그 뒤로 엄격한 제한 시간이 없는 창업캠프라 자유로운 토론이 이어졌습니다. 그때 창업자가 이 운동앱을 베타버전으로 어느 대학에 배포한 적이 있다고 하더군요. 너무 혹독한 평을 받아 위축되었고, B2C 시장을 접기로 결정했다고 했습니다. B2B 시장에만 집중하겠다는 것이지요. 그러나 이 앱의 메인 시장 중 하나가 B2C이기 때문에 시장 하나를 접겠다는 것은 스스로 시장을 제한하겠다는 의미가 됩니다. 그래서 저는 사용자들의 불만과 해당 피드백을 수집하여 개선하는 과정이 먼저라고 조언했습니다. 혹독한 비평을 받았지만 오히려 론칭하기 전에 개선을 하면 좀 더 완성도 높은 앱이 출시될 수 있거든요.

이와 더불어 한 가지 더 조언한 부분이 있습니다. 베타버전의 앱은 일부 지인들이나 내부 조직원들 사이에서 충분한 QA^{Quality Assurance}를 하기 전까지는 일반 대중에게 공개하지 않는 게 낫다고 말이죠. 앱 출시 전 오류나 문제를 점검하기 위해 꼭 해야 하는 과정이긴 하지만, 베타버전의 앱을 일반 대중에게 바로 오픈할 경우 앱 기능 제한에 불만을 가진 소비자가 두 번 다시 찾지 않을 확률이 높거든요. 실제 마케팅 현장에서 앱 다운로드를 위해 100만 원의 광고비가 든다고 가정할 경우, 앱을 삭제한 소비자들을 다시 데려오기 위해 써야 하는 광고비는 250만 원으로 2.5배가량 더 많이 듭니다. 그러므로 어느 정도 QA 과정을 완료한 상태에서만 일반 대중에게 앱을 선보이는 것이 안전합니다.

정리하자면, IR 발표를 할 때 수많은 키워드 중 어떤 키워드를 무기로 핵심을 찌를지 파악하는 게 중요합니다. 선택과 집중 키워드를 정하는 거죠. 이 키워드도 때로는 트렌드를 타기도 합니다. '블록체인'이 인기를 끌거나, 'NFT'에 돈이 몰릴 때도 있거든요. 그러므로 창업자는 현재 돈이 흐르는 현장에서 어떠한 키워드가 트렌드인지 파악하는 것도 좋습니다.

예를 들어, 이커머스 분야에서 '콘텐츠'를 결합한 '미디어커머스'라는 키워드가 2016~2018년 사이 큰 인기를 끌었습니다. 그러나 시장에서 지나친 과열 양상을 보이면서 인기가 떨어졌죠. 기업들이 제 살 깎아 먹기 경쟁을 하며 '구매전환율'이 떨어졌기 때문입니다. 출혈 경쟁이 발생한 것이지요. 그래서 시장에서 유사 비즈니스를 하는 창업자들이 '미디어커머스'라는 단어를 쓰지 않고 '콘텐츠 커머스' 혹은 '커뮤니티 커머스' 등 다른 키워드로 접근하는 모습을 보이기도 했습니다. 2020년 이후에는 코로나19 영향으로 '라이브 커머스'가 유사 키워드로 주목을 받았고요.

이처럼 스타트업 창업자는 내가 속한 비즈니스의 핵심 키워드가 어떻게 흐르고 있는지 캐치해서 적절히 쓰는 것도 중요합니다.

2장

매출이 높은 곳에 BM이 있다

◆

매출이 높은 곳에 BM^{Business Model}이 있다는 건 무슨 의미일까요? 바로 기업의 본질에 조금 더 집중하라는 의미입니다. 창업캠프에서 진행되었던 또 다른 기업 사례로 예를 들어볼게요.

C 스타트업은 농기계의 AI 자동화 로봇을 도입해 노지, 스마트팜과 접목한 농장 자동화 솔루션을 제공하는 기업입니다. 이 업체는 앱을 사용해 농작물의 작업 상태를 모니터링하고, 각 알람이 발생할 때마다 작업지시를 통해 농작물이 잘 자라게끔 도와주는 기술을 보유하고 있었습니다.

창업자는 회사가 보유한 로봇 자동화 시스템으로 농업인들에게 꼭 필요한 회사가 될 것이라 강조했습니다. 여기까지 들으면 처음부터 일관된 발표를 하고 있다는 생각이 들죠. 창업자 역시 AI 로봇 분야 연구자 출신이고, 경험도 많다 보니 문제정의에서부터 논리적인 설득 포인트도 좋았습니다. 농업 자동화 로봇이라는 키워드 선정도 좋았고요.

그러나 이 회사의 매출 비중 70%가 농업 부문이 아닌, '방산' 부문에서 일어나고 있었습니다. 도무지 이해가 가지 않아서 창업자에게 물어봤죠.

그러자 창업자는 기존 네트워크가 있어 연결된 거래처에서 일시적으로 발생한 매출이었다고 밝혔습니다. 그런데 이 설명을 들으면 투자자들은 이 기업이 농업에 포커스를 둔 비즈니스 모델이 맞을까라는 생각이 들게 됩니다. 해당 기술이 방산 분야에도 사용이 될 경우 어떤 시장부터 공략할지에 대한 창업자의 생각도 궁금해지고요.

대부분의 투자자들은 매출이 높은 곳에 핵심 타깃 시장이 있을 것이라 판단하기 때문에, 만약 창업자가 테스트를 위해 일시적으로 발생한 매출이라고 해도 굳이 카테고리로 분류할 필요는 없다고 봅니다. 오히려 투자자의 혼란만 가중시키니까요.

사실 IR 발표자료를 보면 여러 시장을 공략하고 싶은 창업자의 욕심이 담긴 장표도 꽤 많이 봅니다. 그러나 선택과 집중이라는 표현이 왜 사용되었는지 생각해 본다면, 창업자가 모든 시장을 공략하는 건 불가능하기 때문이란 걸 알 수 있죠. 핵심 시장에 먼저 진출해 유의미한 성장을 만들고, 시장 확장은 그 이후에 하는 것이 안전한 접근법이라 할 수 있습니다.

D 스타트업의 경우 시니어층을 타깃 고객으로 만든 앱을 보여주었습니다. 이 앱은 노년층의 건강 상태를 고려해 즐거운 게임으로 운동량을 늘릴 수 있는 스크린 놀이 서비스였습니다. 사용자가 간단하게 손동작을 센서로 감지해 풍선 터뜨리기, 탁구 등의 모션을 취하는 운동이 가능했습니다. 창업자는 풍부한 콘텐츠를 제공하기 위해 꾸준히 월 15,000건 이상씩 콘텐츠를 수급하고 있다고도 했죠.

그런데 그다음부터 이어지는 장표를 보니 조금 이상했습니다. 매월 수급되는 콘텐츠가 시니어용이 아닌 유아동용 콘텐츠였기 때문입니다. 더불어 시니어를 위한 서비스로 시작을 했는데 비즈니스 모델의 수익화 전략 장표를 보니, 핵심 타깃 고객이 초등학교, 유치원이었습니다. 가장 마지막에 등장한 타깃 고객이 노인 요양 시설이었죠. 이쯤 되니 이 회사의 비즈니스 모델은 시니어를 대상으로 하기보다는 유아동을 대상으로 하는 모델이 아닌가라는 생각이 들었죠.

그래서 창업자에게 물었습니다. "유아동층 대상으로 한 비즈니스에서 매출이 발생하고 있나요?" 그제서야 창업자는 6년 동안 전국을 돌아다니며 유치원과 직접 계약을 성사시켰고, 400개 유치원이 자신들의 거래처라 하더군요. 유치원과의 B2B 거래를 통해 탄탄하게 매출을 만들고 있었는데, 이번에 시니어 관련 비즈니스로 확장하고 싶어 IR 발표 장표를 만들었다고 합니다. 기존에 해왔던 유아동을 대상으로 하는 비즈니스와 시니어 비즈니스가 혼재되다 보니 분산된 발표가 되어 버린 것이죠.

이제 막 시작하는 시니어 비즈니스 모델을 강조해 투자유치를 하기보다는, 오히려 이미 400개 이상의 거래처를 확보해 손익분기점이 돌파했다는 것과 이러한 성과를 바탕으로 콘텐츠 공급에 기반한 놀이 서비스를 제공하겠다로 접근하는 것이 더 낫지 않을까요?

두 사례를 통해 알 수 있는 것은, 비즈니스 모델의 타깃 고객과 매출 발생 지점이 같아야 한다는 겁니다. 창업자의 타깃은 60대 이상인데 3~13세에서 매출이 발생한다면 오히려 매출이 발생하는 지점에 포커스를 두고, 비즈니스 모델은 더욱 파헤쳐 들어가는 것이 훨씬 설득력 있습니다. 또한 일회성 매출이 발생한 것을 장표에 넣어서 논리 구조를 훼손하는 것보다, 일관성 있는 장표로 구성하는 것이 더 좋습니다.

요약하자면, 매출이 발생하는 곳에 비즈니스 모델이 있게 하라는 것이죠.

3장

잘하는 것에 집중하라

◆

　가끔 스타트업 창업자를 만나면 비즈니스 모델을 꾸준히 확장하고 시장을 계속 개척해야 한다는 압박을 갖고 있는 것 같습니다. 그래서 새로운 시장을 확장해 나가겠다고 많이들 발표하는데요, 정작 기존 핵심 타깃 시장에서 유의미한 시장점유율을 확보하지 않은 채 다른 시장을 기웃거리는 것은 투자자에게 산만한 인상을 줄 수 있습니다.

　저희 회사에서 투자한 기업의 예를 들어보죠. 이 기업 역시 창업 캠프에서 발표했기 때문에 기업명은 밝히지 않겠습니다.

　E 스타트업은 오랫동안 베이커리 업계에 종사한 창업자가 비건식으로 베이커리를 개량해 생산 및 판매를 하는 기업입니다. 비건빵이라

는 키워드가 창업 당시에 트렌드를 꽤나 탔었죠. 그래서 쿠팡과 같은 대형 쇼핑몰에 입점했을 때, 핵심 제품 4~5종의 리뷰만 1만 개 이상 쌓일 정도로 엄청난 인기를 끌었습니다. 기본적으로 1만 개 이상의 리뷰가 쌓였다는 것은 고객의 재구매도 많고, 고객 브랜드 로열티도 높다는 것을 의미하죠.

창업자가 베이커리 업계에 종사했다 보니, 보유한 제품 레시피도 600가지가 넘었습니다. 그래서 저는 창업자에게 600가지 레시피 중 대량생산, 즉 상품으로 가능한 건 몇 가지 정도 되는지 물어봤고, 창업자는 500가지 정도는 가능하다고 답변했습니다. 경쟁력이 있어 보였죠.

그런데 갑자기 창업자가 최근 메디푸드에 관심을 갖고 있다며 발표 흐름을 바꾸어 버렸습니다. 메디푸드 시장에서 어떠한 가설 검증을 통해 어떻게 시장을 개척해 나가겠다고 발표도 마무리해 버렸죠.

이러한 발표는 투자자에게 매력을 줄까요? 전혀 그렇지 않습니다. 오히려 투자자에게 걱정만 안기게 되죠. 추가적인 히트 상품으로 매출 볼륨을 올리는 것이 아닌, 새로운 시장을 개척하겠다는 것은 투자자 입장에선 그저 '신규 스타트업'이거든요.

또 한 번 새로운 시장에 도전하려는 기업은 투자자 입장에서 초기 스타트업의 잣대로 다시 살펴보게 됩니다. 그러면 기존에 잘 쌓아두었던 시장에도 의구심을 갖게 되죠. '성장하는 데 한계에 부딪힌 건가?' '매출 정체 시기인 건가?' '그래서 새로운 대안으로 갖고 온 걸까?'

등 끊임없는 생각이 들 겁니다.

또한 투자자들이 창업자에게 계속 질문한다는 것은 부정적인 신호일 수 있습니다. 투자자들은 심플한 투자계획서를 좋아하거든요. '우리 비즈니스 모델은 이것이고, 타깃 시장은 여기다'로 발표를 끝낸 후, 투자자가 가설이 맞다 판단되면 투자로 이어지는 것인데, 질문이 많다는 것은 명확하고 간결하지 않다는 의미가 되니까요.

그래서 저는 이렇게 조언해 주었습니다. '비건'이라는 키워드로 타깃 시장에 한계를 느낀다면, 오히려 마케팅으로 새롭게 접근해 보라고 말이죠. '비건주의자'에게만 '비건빵'을 팔아야 한다는 압박을 가지고 있다면 'Non-비건' 혹은 '육식주의자'에게 비건빵을 선보이는 것도 방법이라는 겁니다. 예를 들어 '육식주의자가 비건빵을 즐기게 된 이유?' 라는 마케팅을 해보라는 거죠. 그러자 창업자는 무릎을 탁 치더군요.

만약 현재 기업이 매출 정체 상황이라면, 스스로 한계에 가두지 않고 타깃 고객을 조금씩 확장해 테스트를 해보는 것도 방법이 됩니다.

정리하자면 스타트업 창업자들이 자신의 비즈니스 모델에 확신을 갖고 매출도 만들고 있다면, 그 매출 볼륨을 키우거나 해당 시장에서 유의미한 시장점유율을 획득하기 위해 더 파고들어야 합니다. 즉, 디깅을 깊게 해야 한다는 의미이죠.

4장

타깃 펀드를 공략하라

◆

이 전략을 잘 활용하면 굳이 경쟁률이 높은 시장에서 싸우지 않고도 투자유치 기회를 높일 수 있습니다. 타깃 펀드 공략에 앞서 액셀러레이터 단계에서의 펀드에 대해 간단히 이야기해 볼게요.

한국의 벤처캐피털 투자사들의 벤처투자조합은 한국벤처투자, 한국성장금융투자운용, 농업정책보험금융원 등의 정부모태펀드에 상당수 의존하고 있습니다. 3대 모태펀드 운용기관 외에도 KDB산업은행, IBK기업은행 등 금융권과 한국통신사업자연합회KTOA 등이 간접투자를 통해 LPLimited Partner로 상당수 참여하고 있습니다.

모태펀드와 간접투자기관들의 LP 참여 방식은 크게 두 가지로 나뉘는데요, 투자분야에 상관없이 투자할 수 있는 '블라인드펀드Blind Fund'와 '특수목적펀드'로 나뉩니다.

블라인드 펀드는 GPGeneral Partner 벤처캐피털이나 액셀러레이터가 어떤 분야든 투자할 수 있기 때문에 투자하기 상당히 유리한 펀드입니다. 하지만 스타트업 기업 입장에서 보면 경쟁력이 높겠죠.

특수목적펀드는 투자자에게 있어서 농식품, 스포츠, 관광, 핀테크, 소부장 등 특정 분야에 한정적인 투자만 가능하므로 투자할 스타트업을 찾고 투자하기가 어렵습니다. 그래서 스타트업 입장에서는 상대적 경쟁률이 낮다는 특징이 있죠.

여기까지 읽었다면, 창업자의 사업분야가 특수목적펀드에 부합한다면 당연히 특수목적펀드부터 타깃팅 하는 게 유리하다는 것을 알 수 있을 겁니다.

앞서 이야기했던 농기계 AI 자동화 로봇은 타깃 시장이 뚜렷하게 농업에 집중되고 있기 때문에 농식품펀드를 타깃으로 발표하는 것이 유리할 겁니다.

공기질 분석기와 산소통 감압 충전 기술 스타트업의 경우도 특수목적펀드 중 하나인 해양펀드에 집중하는 것이 경쟁률을 낮출 수 있겠죠.

이처럼 스타트업 창업자는 자신의 비즈니스가 블라인드펀드인지 특수목적펀드인지 꼼꼼히 따져 투자를 받는 것이 스마트한 투자 전략이 됩니다.

이번 3부에서는 완성된 IR Deck을 바탕으로 어떻게 하면 효과적인 발표를 할지에 대해 살펴봤습니다.

종종 창업자들은 좋은 아이템을 연구개발하고 있지만, 이를 제대로 발표하지 못하는 경우가 있더군요. 핵심 키워드가 버젓이 표시되어 있는데 주변 키워드만 이야기한다거나 자신의 지식을 발표에 담아내지 못하는 경우도 많았습니다.

사실 창업자의 모든 고통과 인내의 시간을 10분 내에 발표해야 한다는 건 매우 어렵지만, 정해진 시간 내에 투자자를 설득하는 것도 역시 창업자의 기본자세입니다. 그래서 연습이 필요한 거고요. 마치 우리가 수년간 공부하면서 단 하루의 수능시험으로 대학이 결정되는 것처럼 말이죠.

이처럼 연구개발 활동도 중요하지만, 안정적인 자금운용을 위한 투자유치 활동 역시도 중요하다는 것을 잊지 않길 바랍니다. 창업자는 직접 발로 뛰면서 내 서비스, 제품을 설명할 수 있어야 하고, 그 설명으로 상대방을 설득시킬 수 있어야 합니다.

4부

투자자처럼 생각하라

◆

스타트업 창업자들은 IR Deck을 만들기 위해 오랜 시간 정성과 노력을 많이 들이고 있습니다. 장표 하나하나에 신경을 쓰면서 투자자들이 이 자료로 우리 회사를 충분히 이해할 수 있을지, 부족한 내용은 없을지 등의 고민들을 많이 하게 되죠. 특히 제가 종종 보육 대상 기업들의 멘토링을 할 때 이런 질문을 많이 받습니다. "제 자료에 보완할 부분이 있을까요?"

이러한 질문을 한다는 것은 투자자가 어떤 생각으로 기업의 IR Deck을 보는지 궁금해한다는 의미겠죠. 그래서 저는 투자자들이 어떤 부분을 집중해서 보는지, 그리고 어떤 곳에서 질문을 던지는지 투자자의 핵심 질문 7가지를 알려드리려 합니다.

아래 그림의 질문 유형을 통해 투자자의 생각을 엿보는 기회가 되길 바랍니다.

① 시장의 크기

② 비즈니스와 타깃고객 일치성

③ 타깃시장과 마케팅 일치성

④ 마케팅과 수익성의 상관관계

⑤ 가격 유통 정책과 실현 가능성

⑥ 수익화 전략 디테일

⑦ 기존 경쟁자 대비 차별 전략

1장

시장의 크기

◆

초기 스타트업이 IR Deck을 만들 때 비즈니스 모델 장표에서 시장의 규모를 예측합니다. 앞서 IR Deck 6단계 작성에서 이야기한 TAM, SAM, SOM으로 말이죠. 창업자는 이러한 시장 예측을 통해 '우리가 진출한 시장은 이러한 시장이며, 앞으로 우리가 바라보는 최종 목적지, 총 시장 규모는 이렇습니다'라고 발표를 합니다.

투자자 입장에서 창업자가 제시하는 TAM, SAM, SOM은 어떠한 의미를 가질까요? 먼저 TAM에서 제시하는 숫자를 통해 창업자가 가진 꿈의 크기와 야망을 봅니다. 또한 이들이 도전할 최종 목적지나 시장 규모로 창업자의 제품 및 서비스 판매의 최대 가능성까지 함께 보게 되죠.

여기서 창업자는 과도한 숫자를 제시하면 허황된 꿈이라고 보지 않을까라는 걱정을 할 수도 있는데요, 자신이 도전할 최종 시장의 크기를 쓰는 것이기 때문에 스스로 생각했을 때 실현 가능한 목표와 야망을 합당한 선에서 기재하면 됩니다.

그리고 SAM에서는 스타트업이 시장에서 어떤 영향력을 발휘할 수 있는지 파악하고, 기업의 포지셔닝과 비즈니스 전략 타당성을 평가합니다. SOM에서는 실제로 향후 2~3년 내에 확보할 수 있는 시장의 크기를 확인하는 것이죠

투자자에게 TAM, SAM, SOM은 스타트업이 현재 시장에서 차지하고 있는 비중을 보여주기도 하고, 현재 비즈니스 모델과 전략이 얼마나 효과적으로 실행되고 있는가를 평가하는 지표이기도 합니다.

만약 매출이 발생하지 않는 초기 기업의 경우 SOM을 얼마나 꼼꼼하게 예측했는지에 따라 투자자는 창업자의 꿈(TAM)이 꿈에 불과한지, 실제 이룰 수 있는지에 대한 신뢰를 갖게 됩니다. 그리고 매출 추정 5개년 지표를 함께 살펴보면서 창업자의 성장 속도와 추이를 추정하게 되죠.

초기 기업들의 경우 TAM, SAM, SOM 구분을 제대로 하지 않아 무리한 숫자를 적을 때도 있습니다. 이를테면 SOM을 조 단위로 제시하는 경우겠죠. 향후 2~3년 안에 자신의 비즈니스 모델로 달성할 수

있는, 다시 말해 당장 공략할 수 있는 시장에서의 매출을 조 단위로 만들 수 있는 스타트업 지표는 신빙성이 있을까요? 당연히 그렇지 않습니다. 그러므로 TAM의 숫자는 비전과 꿈을 크게 보여주지만, SOM은 당장 우리 서비스 제품을 구매할 고객, 소비자가 있는 시장에 대한 추정이므로 타당하게 쓰는 것이 중요합니다.

자, 그렇다면 두 기업의 TAM-SAM-SOM 추정해 볼까요?

반려동물 커뮤니티 서비스를 제공하는 A 스타트업이 예측한 시장 규모

TAM : 국내 펫시장 규모 4조 6,000억 원
SAM : 국내 펫케어 시장 규모 3조 원
SOM : 반려동물 커뮤니티 대상 펫케어 시장 규모 1조 3,000억 원

1:1 방문 PT 서비스를 제공하는 B 스타트업이 예측한 시장 규모

SOM의 근거: 자녀가 있는 가구 수 × 서울지역 아파트 거주자 수 = 61.6만 명의 2% × 객단가

TAM : 국내 피트니스 시장 7조 원
SAM : 국내 개인PT 시장 2조 원
SOM : 핵심 타깃 시장 200억 원

두 기업의 시장 규모 추정치를 보면, 투자자 입장에서 1:1 방문 PT 서비스를 제공하는 B 스타트업이 합당한 추정을 한 것으로 보입니다.

A 스타트업의 경우 SOM 규모가 당장 수익 가능한 핵심 타깃 시장으로 보기에는 조금 말이 안 되죠. 그러면 이를 통해 투자자는 다음과 같이 질문할 겁니다. "SOM 추정을 너무 높게 잡은 건 아닌가요?"

2장

비즈니스와 타깃 고객 일치

◆

    창업자는 비즈니스 모델의 시장 적합성을 테스트하기 위해 샘플 시장에 POC를 검증하는 절차를 거치게 되는데요, 가끔 발표 현장에서 이야기하는 것을 들어보면 비즈니스 모델의 메인 타깃 고객과 검증을 위해 샘플링 하려는 타깃 고객이 불일치하는 경우가 있습니다.

    다음의 예시를 살펴볼까요?

    C 스타트업은 교육용 로봇키트를 제조 및 판매하려고 합니다. 이들의 거래처는 대학교 같은 B2B, B2G 비즈니스입니다. 이 제품은 로봇 기능이 있는 레고 블록으로, 학교에서 사용하는 교구를 레고처럼 조립 가능하다는 특징이 있습니다. 총 30개의 레고 블록이 들어 있고,

이 중 빛이 나거나 소리가 나는 특수한 블록이 10개 정도 포함되어 있어 수업 시간에는 다양한 실험이 가능합니다. 가격은 20만 원으로, 창업자는 제품의 POC 검증을 하기 위해 와디즈, 텀블벅과 같은 채널에 사전 예약 구매를 진행하려고 합니다.

여러분은 어떻게 생각하시나요? 앞서 이야기했듯이 제품의 타깃 고객은 교육용 교구를 구입할 수 있는 B2B, B2G 거래처입니다. 그러나 제품 가설 검증을 위한 시장으로는 B2C 시장인 와디즈, 텀블벅을 제시했죠. 또한 제품 테스트를 사전 예약 구매 방식으로 판매한다고 할 경우 이 제품은 '교구'가 아닌 '완구'로 접근하게 됩니다.

그렇다면 소비자들은 '완구'로서 10개의 특수 기능이 포함된 30개의 레고 블록을 20만 원에 구입할까요? 투자자는 다음과 같은 질문을 던지겠죠. "B2C 마켓에 판매를 하는 것이 B2G 판매에 대한 시장 검증으로 적절한가요?"

3장

타깃 시장과 마케팅 일치

◆

투자자는 타깃 시장의 분석과 해당 시장에 적절한 마케팅 전략을 수립했는지 주의 깊게 살펴봅니다. 예를 들어 우리가 판매하는 제품은 시니어를 대상으로 하는 오프라인 상품인데, 마케팅은 10대들이 보는 틱톡을 활용한다면 과연 적절할까요? 당연히 타깃 시장과 마케팅 전략이 일치하지 않는다고 판단할 수 있겠죠.

다음의 예시를 살펴볼까요?

D 스타트업은 생활스포츠 시장 중 큰 영역을 차지하는 배드민턴의 디지털 트랜스포메이션을 꿈꾸는 스타트업입니다. 이 기업은 스코어 기록 서비스를 제공하는 제품을 판매하고 있습니다. 사용자 유치활

동은 대부분 오프라인 배드민턴 대회 참여를 통해 이루어집니다. 현재 모바일 앱 서비스 방문자는 15만 명 정도이며, 앱 회원 수는 2만 명 정도입니다. 1년에 1,000회 정도 이루어지는 전국의 크고 작은 배드민턴 대회를 통해 유치활동을 한 것은 꽤 높은 성과를 보였습니다. 그러나 이들은 인스타그램 콘텐츠 마케팅을 제안하고 있습니다.

POC 검증을 위해 배드민턴 현장을 간 것은 꽤 괜찮은 전략입니다. 현장의 분위기를 타면서 고객들의 호응도를 높일 수 있기 때문이죠. 더불어 현장 피드백을 통해 서비스 개선을 좀 더 정밀하게 할 수도 있고요. 그러나 인스타그램 마케팅을 활용한 수익화 전략은 다음과 같은 질문을 하게 만듭니다. "타깃 고객이 오프라인에 있는데 인스타그램 마케팅만 하려는 이유는 무엇인가요?" 아니면 투자자가 이렇게 생각해 볼 수도 있죠. 원래 제품 판매만 하는 업체인데 오프라인 유치활동으로 앱 가입자 수는 늘고, 구매 전환율은 떨어진 것이 아닐까라고 말이죠. 그렇다면 다음의 질문을 할 수도 있습니다. "오프라인 고객들의 앱 회원 가입률과 제품 구매전환율은 어떻게 되나요?"

4장

마케팅과 수익성의 상관관계

◆

마케팅과 수익성의 상관관계라는 것은, 마케팅 제안은 너무나 달
콤하고 좋은데 오히려 그 전략이 기업의 수익성을 갉아먹고 역마진이
발생하는 건 아닐지 검증해 보는 과정입니다.

다음의 예시를 살펴볼까요?

E 스타트업은 시니어, 은퇴자를 대상으로 소일거리 제공 중개업
을 시작하려 하고 있습니다. 이 업체는 해당 지역의 다세대주택, 원룸
건물 등의 청소 관리를 대행하는 플랫폼을 활용해 시니어 고용을 창
출하고자 합니다. 마케팅 방법으로는 신뢰도를 브랜딩을 하기 위해 별
도의 청소도구함을 비치해 정기적으로 청소박스의 비품을 교체하고,

인증 스티커를 건물에 부착해 안심존으로 공략하려고 합니다. 그리고 고용된 시니어가 일을 할 때에는 별도의 유니폼을 제공할 계획입니다. 대부분의 경쟁 기업들이 건물 관리에 월평균 15만 원이라면, 이 기업은 초기 고객 확보를 위해 월 10만 원에 구독 서비스를 진행하려고 합니다.

E 스타트업의 마케팅 전략 발표를 들으면 어떤 생각이 드나요? 비용이 줄줄 샌다는 느낌이 들지 않나요? 브랜딩을 위한 전략도 좋고, 다른 회사와의 차별화를 위한 인증 스티커, 유니폼, 청소도구함 제작도 물론 좋습니다. 그러나 이 모든 서비스를 제공하면서 오히려 청소 관리 비용을 다른 기업들보다 30% 가까이 적게 받게 되면 서비스 운영 유지가 가능할까요?

그렇다면 투자자는 다음의 질문을 연달아서 하게 될 겁니다. "서비스 제공 비용이 수익을 초과하지는 않나요?" "우리 서비스가 월 10만 원의 구독료를 책정했을 때 회사가 가져가는 수수료는 얼마인가요?" "만약 15%의 수수료를 가져간다고 할 경우 건당 1.5만 원의 수수료를 얻는 구조인데, 이 안에서 고정비, 청소도구 비품 교체비, 기타 브랜딩 요소 비용이 감당 되나요?"

5장

가격 유통 정책과 실현 가능성

◆

　대부분 초기 스타트업은 유통 채널 전략을 고려하지 않고 가격 정책을 수립하는 경우가 많습니다. 그러나 초반에 잘못된 가격 정책을 수립할 경우 유통 채널 전략에 제약이 발생하며, 제품을 팔면 팔수록 손해를 입을 수 있습니다. 그래서 투자자들은 스타트업 발표를 들으면서 가격 전략, 유통 전략이 잘 설정되었는지 확인하게 됩니다. 비즈니스 모델이 좋아도 말이죠.

　다음의 예시를 살펴볼까요?

　F 스타트업은 콩 발효 기술을 통한 식물성 대체육 냉동 볶음밥을 제조 판매하려고 합니다. 이 기업은 자체 특허 기술을 보유하고 있어

콩 발효 기술로 만든 파우더 제형을 제조사 OEM 방식으로 하고자 합니다. 이 업체는 친환경, ESG 경영에 대한 고민으로 볶음밥에 사용되는 야채는 못난이 농산물을 사용하고, 친환경 포장재 제조사와 협업해 제품을 생산할 예정입니다. 판매 전략으로는 와디즈에 제품을 올려 사전 예약 수요를 파악한 후, 이후에는 자사몰에서 판매하려고 합니다. 추가적인 오픈 마켓은 쿠팡을 고려하고 있습니다. 창업자는 직접 유통으로 회사 마진이 30%가 될 것이라 합니다.

여기까지 설명을 들으면 투자자들의 질문이 폭탄처럼 쏟아질 겁니다. 창업자가 제품 유통 구조를 정확히 이해했는지, 이를 고려해 가격 책정을 한 건지부터가 되겠죠. 그렇다면 이러한 질문들을 하게 될 겁니다. "제품 판매 시 마진을 30%로 보고 있다면 원가는 얼마로 보고 있나요?" "쿠팡 로켓프레시에 납품하려면 사입 수수료가 30%, 냉동 물류 이용 시 물류비는 대개 매출의 11~12%이니, 마진 30%를 남기고 싶으면 원가는 28% 정도로 제조되어야 합니다. 이 식품 원가를 28% 내외로 가능한가요?"

6장

수익화 전략 디테일

◆

　스타트업 창업자들이 자신의 비즈니스 모델에 고민을 많이 하지만, 정작 실제 돈을 벌 수 있는 구조인지 디테일하게 발표하지 않을 때가 많습니다. 그럴 경우 투자자는 '어디서 돈을 벌지?'라는 생각을 하게 되고 재차 질문을 하게 되죠. 앞서 IR Deck 6단계 작성법에서도 언급했듯이, IR 장표에서 가장 핵심이 되는 내용은 '우리는 이렇게 돈을 벌 것이다' '우리는 핵심 기술이 있고, 우리가 진출하는 시장은 성장하고 있다'라는 부분을 명확히 제시하는 것입니다. 이를 통해 투자자는 스타트업이 도전하려는 시장은 점점 성장하고 있고, 이들의 핵심 역량도 뛰어나니 시장점유율을 높여 나갈 수 있겠다는 생각을 하게 되는 거죠. 하지만 '어떻게 돈을 벌 것이다'라는 부분이 빠지면 투자자는 IR

자료에 대해 의아함을 갖게 되는 겁니다.

생각보다 많은 기업의 IR 자료에 명확한 수익화 전략이 빠진 경우를 보게 되는데요, 특히 초기 기업들의 IR Deck에서 이런 경우가 많습니다. 그러므로 비즈니스 모델을 이야기할 때 '우리는 이러한 모델로 이렇게 매출을 만들어 나갈 것이다'라는 명확한 제시를 하는 게 중요합니다.

다음의 예시를 살펴볼까요?

G 스타트업은 반려견의 육아 정보를 얻을 수 있는 커뮤니티 앱을 론칭하려고 합니다. 이 앱은 수의사와 견주들이 나눈 내용을 데이터로 정리하여 맞춤 정보 및 상호 커뮤니케이션하는 플랫폼으로 키워나가고자 합니다. 특색 있는 서비스를 제공하기 위해 일러스트 작가들을 섭외하여 반려견 프로필 사진을 무료로 제공하고, 활발해진 커뮤니티에 공동구매 제품을 판매하여 수익을 만들려고 합니다.

자, 이 스타트업의 매출 전략은 어떤가요? 커뮤니티를 운영하기 위해 '수의사'는 어떤 방식으로 활동하는지도 궁금하고, 수의사 비용은 유료인지 등이 명확하지 않죠. 그리고 만약 무료일 경우 그 대가로 병원의 광고가 노출되는 구조인지, 이 커뮤니티는 왜 활성화될 수 있는지에 대한 내용도 부족합니다.

또한 작가의 섭외비는 어떻게 해결할 것인지, 초반에 비용이 지나

치게 많이 들어가는 건 아닌지 걱정도 됩니다. 더불어 기업의 주 매출이 공동구매라면 이 공동구매는 어떤 주기로 이루어지는지, 위탁판매 방식이라면 회사의 마진은 어떻게 되는지 등의 질문이 끊임없이 나오게 됩니다.

　이처럼 투자자의 질문이 꼬리에 꼬리를 문다는 것은 수익화 전략이 명확하게 제시되지 않았기 때문입니다. 아마 투자자는 이 모든 질문을 한 마디로 축약해 다음과 같이 질문하게 되겠죠. "그래서 매출을 어떻게 만들 건가요?"

7장

기존 경쟁자 대비 차별 전략

◆

스타트업 창업자들이 제시하는 비즈니스 모델은 기존 서비스를 발전 혹은 진화시키거나 새로운 접근 방식으로 문제를 푸는 경우가 많습니다. 아예 새로운 모델로 새로운 시장을 여는 경우는 드물죠. 만약 기업이 이제 막 형성되는 새로운 시장에 도전한다고 하면, 투자자들은 오히려 이 시장이 커질 것인지 커지지 않을 것인지에 대한 확률을 고민해야 합니다. 동시에 이 기업이 성장할 것인지 아닌지에 대한 확률까지 계산해야 하고요.

그러나 대부분의 기업은 기존 형성된 시장이나 변형된 시장에서 경쟁을 벌이기 때문에, 기존 경쟁업체 대비 어떠한 우위가 있는지 강조하는 것이 핵심 역량이자 차별 전략이 됩니다.

다음의 예시를 살펴볼까요?

H 스타트업은 소비자마다 다른 커피 취향을 MBTI처럼 테스트해, 해당 성향에 따른 커피를 추천하고 구매 경험을 제공하려고 합니다. 이 업체는 소비자가 좋아하는 취향의 커피를 즐길 수 있는 커피 전문점의 위치를 추천하고, 해당 업체에서 H 기업의 앱을 이용하면 스마트 오더도 가능합니다. 이와 더불어 로스터리 업체와의 계약을 통해 소비자들의 취향에 맞는 원두를 구입하는 서비스도 앱 내에서 제공하려고 합니다.

여기까지 이야기를 들으면 MBTI 성격검사처럼 커피 취향 테스트로 사용자의 흥미를 끄는 부분도 좋고, 로스터리 업체들을 확보할 수 있는 창업자의 네트워크도 장점으로 보입니다. 그런데 궁금한 점이 생기죠.

위치 검색으로 내 취향에 맞는 커피숍을 추천해 주고 스마트 오더도 된다면 기존에 이 서비스를 제공하는 경쟁자와는 어떤 차별점이 있을까요? 그리고 이미 시장에 큰 경쟁자가 있다면 이들을 돌파할 전략은 어떤 것이 있을까요? 이러한 질문을 정리하면 이렇게 해볼 수 있겠죠. "자체 오더 시스템을 보유한 대형 프랜차이즈(스타벅스 등)를 제외한 일반 지역 커피숍들의 경우 이미 패스오더가 진출해 서비스를 제공하고 있는데, 다른 경쟁사보다 어떠한 차별적 우위로 카페에 입점시킬 건가요?"

이렇게 해서 4부는 투자자들이 IR 발표를 들으면서 어떤 관점에서 장표를 살펴보고 질문을 던지는지 알아봤습니다. 창업자들은 이를 참고해서 IR 발표 공략법을 세워보는 것도 좋겠네요.

투자자가 창업자에게 던지는 좋은 질문이란 무엇일까요? 저는 상대방의 생각을 넓혀주고 새로운 시각을 제시하는 것이라 봅니다. 창업자가 미처 생각하지 못했던 부분을 짚어주어 새로운 시각으로 접근하게 되면, 창업자는 자신의 비즈니스 모델을 한 번 더 점검하는 계기가 되죠. 그래서 유명한 학자들이 "질문은 지식의 열쇠" "질문의 반은 지혜"라는 말을 한 건 아닐까요?

때로는 IR 발표 현장에서 많은 점을 배우기도 합니다. 가끔 창업자의 번뜩이는 질문들이 저를 깨닫게 해줄 때가 있거든요. 질문을 주고받으면서 아이디어를 발견하고 그 아이디어로 성장하는 모습들이 제가 이 일을 계속하게 만드는 원동력은 아닐까라는 생각이 듭니다.

5부

회사 밸류업을 위한, TPIE

◆

제가 책의 가장 초반부에 이야기한 밸류업의 4가지 조건입니다.

Value Up

✓ 경영진 및 팀 역량 강화

✓ 사업모델 및 성장전략 강화

✓ 재무적 성과 개선

✓ 홍보마케팅 역량 강화

위의 4가지 분야를 이야기하며 핵심 키워드도 추출했었죠. 경영진 및 팀 역량 강화의 핵심 키워드는 '팀(Team)', 사업 모델 및 성장 전략 강화는 'POC (Proof of Concep, 개념 증명)'를 이야기했고요, 홍보 마케팅 역량 강화의 핵심 키워드로는 '투자자(Investor)', 마지막으로 재무적 성과 개선에서는 '회수전략 (Exit)'을 언급했었습니다.

저는 이 핵심 키워드를 뽑아 TPIE라고 부르고 있는데요, Team, POC, Investor, Exit 이 핵심 키워드들이 어떻게 회사 밸류업에 도움이 되는지 하나 씩 살펴보겠습니다.

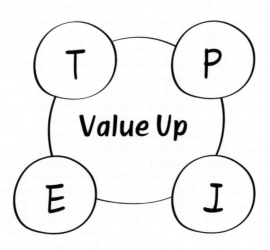

1장

Team

◆

얼마 전 어느 창업자와 멘토링 할 기회가 있었습니다. 극초기 기업으로 예비창업패키지 프로그램을 수행한 기업이었습니다. 이야기를 들어보니 창업자의 비즈니스 모델도 전문성이 있어 보였고, 창업자가 해당 분야에 25년간의 경험이 있어 이대로 잘 구축을 하면 의미 있는 결과물이 나올 것 같다는 생각을 했습니다. 그런데 정작 창업자의 고민은 이런 것이었습니다. "혼자 하다 보니 속도가 뒤처지고 계속할 수 있을까라는 질문만 던지게 돼요"

다른 스타트업은 대부분 2인 이상의 팀이라 서로에게 동기부여 되는 모습을 많이 봤다고 합니다. 한 사람이 지치면 다른 사람이 '힘내자'라고 등을 토닥여 주고, 나태해지면 '몰입하자'라고 채찍질도 해주는 모습이 보이는데, 혼자인 이 창업자는 지치면 '오늘은 자체 휴무'라며 게을러질 때가 있다고 합니다. 정말 열심히 하고 싶은데 함께할 팀원이 있으면 좋겠다고 고민을 토로하는 모습을 보면서 초기 스타트업은 팀 구성이 참 중요하다는 생각이 들었습니다.

'팀 소개'는 IR Deck 6단계 중 가장 마지막에 등장합니다. 어떠한 팀으로 시작하느냐에 따라 투자자는 이 회사의 성장성, 방향성을 함께 추측할 수 있죠. 아무래도 1인 기업으로 시작하는 것보다 여러 명이 함께 팀으로 시작하는 것이 더 좋고요. 서로에게 비전 제시, 동기부여뿐만 아니라 각자의 역할들을 하면서 회사가 돌아가게끔 해주거든요.

예를 들어 창업자는 개발자 출신이고 팀원들이 세일즈 전문가, 개발자, 마케터로 구성되어 있다고 할 경우 2명의 개발자가 서비스를 개발하고, 세일즈 전문가가 대외적으로 제품을 판매하며, 마케터가 홍보 마케팅 전략을 수립 및 실행할 수 있습니다.

물론 위의 예시는 팀 밸런스가 제법 갖추어진 기업입니다. 초기 창업 기업들은 학교, 직장, 동네 혹은 네트워크로 만난 사람들이 모여 창업하는 경우가 많기 때문에, 비슷한 분야의 사람들과 함께 창업하는 경우가 많습니다. 초기부터 팀 밸런스를 기대하기는 어렵지만 팀으로 시작해서 밸런스를 맞춰 나가면 되니 1인 창업보다 더 수월할 겁니다.

제가 보육한 기업 무브먼츠는 B2B, B2G 비즈니스 모델로 3차원 지하시설물의 시공관리 플랫폼을 운영하고 있습니다. 오랫동안 건설 부문 R&D에 종사한 개발자, 엔지니어로 구성된 팀이다 보니 내부 기술력이 매우 뛰어났죠. 다양한 기술특허, 지적재산권 획득 및 여러 대회에서 수상을 할 정도였으니까요.

하지만 '영업력'이 부족했습니다. 건설 부문 B2B 사업은 거래처의 초기 확보가 매출에 있어서 상당한 영향을 미치는데, 팀 구성원 모두가 기술개발 분야이다 보니 영업력 강화가 필요해 보였죠. 다행히 창업자는 조직의 부족한 리소스를 파악해 인재 채용에 나섰습니다. 고민을 통해 성장하는 모습이 인상 깊더군요.

초기투자를 진행했던 쿠캣은 내부 콘텐츠를 제작하는 기획 역량과 SNS 채널 운영 관리, 바이럴 마케팅에 특화된 팀으로 이루어져 있었습니다. 콘텐츠를 제작해 업로드하면 상당히 빠른 속도로 구독자 수가 증가하고 채널이 성장했었죠.

그러나 딱 한 가지 부족했던 점은, 데이터가 쌓여도 활용하지 못한다는 것이었습니다. CJ ENM의 다이아 TV와 협업할 당시, MCN^Multi Channel Networks 비즈니스 규모가 큰 기업들은 CMS^Contents Management System 콘텐츠 관리 시스템으로 채널 운영을 하고 있었습니다. 여러 채널을 연동해 하나의 콘텐츠를 다양한 SNS 채널에 동시 배포하거나, 사용자의 댓글, 좋아요 등의 인게이지먼트를 관리하고 콘텐츠 데이터도 분석할 수 있었죠.

하지만 쿠캣은 CMS 같은 시스템이 없고, 데이터 관리 역량도 부족했습니다. 그래서 제가 투자하여 CTO를 추천하고 내부 시스템도 보완하면서 성장할 수 있게 되었죠.

청춘에프앤비는 식품의 제조 및 유통 역량이 매우 뛰어난 기업으로 초기부터 제품이 인기를 얻어 프랜차이즈 점포가 급격히 늘어났습니다. 그리고 해외 출장을 함께 다니면서 파트너 거래처와의 계약이 성사되어 해외진출도 하고 있죠.

그러나 청춘에프앤비도 쿠캣과 비슷하게 내부 제조, 유통, 물류 등의 전산화 작업이 필요했고, 이를 보완하기 위해 최고정보책임자CIO를 추천했습니다. 소프트웨어 사업이 메인 비즈니스가 아닐 때, 정보 전산화와 조직의 기술 방향을 결정하고 프로세스를 관리하는데 필요한 CIO 영입으로 데이터 관리, 보안, 네트워크 인프라, 소프트웨어 개발 등 다양한 전략 방향을 설정해 나갈 수 있었습니다. 현재 조직의 혁신과 생산성 향상으로 매출이 J커브 성장 궤도를 보이고 있죠.

팀의 밸런스에 부족한 구성원은 비즈니스가 시장의 적합성 검증, 고객의 문제해결 검증 등의 과정과 실제 매출을 만들어 나가면서 보완할 수 있습니다.

저는 극초기 기업에 투자할 때 처음부터 팀 밸런스에 집중하지 않습니다. 오히려 이들이 가진 팀 구성이 시장에서 승부를 볼 수 있는 전문성이 있는지를 먼저 살펴보죠.

제가 투자한 기업 바크, 브레이브컴퍼니, 바이언스, 비포플레이의

예를 통해 'Team'이라는 키워드를 통한 회사의 밸류업 사례를 알아보 겠습니다

바크

2021년 연세대학교 세브란스 병원 재활의학과 의사들이 만든 인체공학적 리커버리 슬리퍼 제조 기업입니다.

변희준 대표님은 시골에서 외래를 보던 중 발 통증 때문에 고생하는 할머니를 만났다고 합니다. 슬리퍼랑 신발, 깔창을 정말 많이 사 와서 하나하나 살펴봤는데, 죄다 비싸기만 하고 통증에 도움이 되는 제품은 하나도 없었다고 합니다. 그리고 몇 주 뒤에 할머니를 만나보니 오히려 증상이 악화되고 불편해하는 모습을 보면서 발 통증을 해결할 수 있는 솔루션을 고민했다고 합니다.

변 대표님은 의학적 관점으로 접근하여 발의 피로도를 줄이고 회복도 도울 수 있는 의료용 오솔라이트 힐패드라는 제품을 구현했습니다.

생각해 보면 의사가 슬리퍼를 제작하는 것이 평범한 건 아니지만, 변 대표님은 의학 드라마 등에서 의사들이 슬리퍼나 클로그를 자주 신는 모습을 보면서 이왕이면 환자와 더불어 의사들에게도 편한 신발을 만들어야겠다는 생각을 했다고 합니다.

이 회사의 팀 구성은 어떻게 되어 있었을까요? IR 발표를 보니 같은 병원 재활의학과 안광호 의사가 공동창업자로, 그리고 신발 제조 기능사, 신발 개발 및 생산담당 직원들로 구성되어 있었습니다. 제품에 의학적으로 접근이 가능한 의사, 이 제품을 개발할 수 있는 기능사, 생산을 담당할 수 있는 제조 담당자로 구성한 것이지요.

당연히 이러한 팀 구성은 전문성을 갖추었기 때문에 회사 밸류에이션이 높아지게 됩니다. 실제 이 제품은 일반 환자, 의사들에게 상당한 호평을 받으며 출시가 1년도 채 되지 않은 시점에 세브란스 병원, 삼성서울병원, 서울대학교병원에서 대량 구매가 이루어졌다고 합니다.

브레이브컴퍼니

2020년 설립된 헬스케어 스타트업으로 건강 버티컬 커머스를 다양한 크리에이터들과 협업하여 플랫폼 사업, 브랜드 사업, 오프라인 사업을 운영하고 있습니다.

창업자 김진홍 대표님은 2013년 모바일 간편결제 통합 플랫폼인 티엔디엔을 창업해 당시 저희 회사의 투자를 받아 엑시트를 거쳐간 경험이 있습니다. 이후 설립한 회사가 브레이브컴퍼니로 '연쇄창업'을 도전한 것이지요.

팀 구성을 이야기하면서 브레이브컴퍼니의 사례를 든 이유는 '연쇄창업'이라는 키워드를 이야기하고 싶었기 때문입니다. 창업자가 여러 번 창업을 하게 되면 첫 창업보다 훨씬 많은 경험, 노하우를 쌓기 때문에 그만큼의 전문성이 인정되어 팀 밸류에이션을 높이게 됩니다.

바이언스

고려대학교 컴퓨터학과 연구실에서 창업한 기업으로, AI 대용량 바이오메디컬영상 시각분석 플랫폼을 운영하고 있습니다. 영상처리, 인공지능, 시각화, GPU 컴퓨팅과 관련된 다년간의 연구 경험 및 원천기술을 보유하고 있죠. 이 원천기술로 프로그래밍의 전문 지식 없이도 클라우드 연구 플랫폼을 제공할 수 있고, 사용자는 인공 지능 및 시각화 기술을 활용한 영상 데이터 분석 솔루션을 제작할 수 있습니다.

제가 이 회사에 투자한 이유는 의료영상 진단 및 연구 분야의 국내외 시장이 급성장하고 있기 때문입니다. 또한 컴퓨터 비전문가인 의료인 및 의생명과학 연구원들이 전 과정을 하나의 통합 시스템에서 쉽고 빠르게 수행할 수 있는 기능 우수성도 갖고 있죠.

즉, 시장의 성장성이 높고 기업의 핵심 기술 역량이 높아서 투자를 했습니다. 핵심 인력들의 기술력이 회사의 밸류에이션을 높이는데 중요한 역할을 한 것이죠.

비포플레이

게임 데이터 기반 소셜 미디어 플랫폼을 운영하는 스타트업으로 스팀, 플레이스테이션, 엑스박스를 이용하는 사용자가 계정을 연동할 경우 사용자가 보유한 게임, 달성한 업적, 플레이 타임 등의 정보를 수집해 자동으로 포트폴리오를 구축해 주는 기업입니다. 사용자들은 이 플랫폼을 활용해 다른 유저에게 게임 활동을 자랑하거나 게임 관리를 할 수 있죠.

초기 기업으로 매출이 적었지만, 팀 구성원 모두 게임 시장에서의 전문성을 인정받아 회사의 밸류에이션을 높인 사례입니다.

창업자 이영민 대표님은 저희의 육성 프로그램 'KDB넥스트원'에서 일본 시장 진출 지원 기업으로 선정되기도 했습니다. 일본 현지 컨설턴트와 1:1 매칭 등의 프로그램으로 현지 게임회사인 타이토 코퍼레이션으로부터 일본 시장 협력을 제안받기도 했죠.

위의 기업 사례들을 정리해 보면 전문성, 기술력, 연쇄창업과 같은 키워드들이 기업의 밸류에이션을 높일 수 있다는 것을 알 수 있습니다.

이제 두 번째 키워드인 POC를 살펴보겠습니다.

2장

POC

◆

POC는 새로운 기술, 서비스, 프로젝트, 신약, 솔루션 등이 개발되었을 때 실현 가능성을 검증하는 과정입니다. 스타트업들은 이 POC를 꼭 진행해야 하죠.

이유를 살펴볼까요?

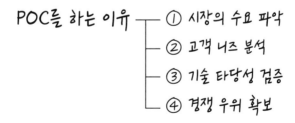

시장의 수요 파악

POC 가설 검증 과정으로 실제 시장에서 수요가 있는지, 우리의 솔루션이 경쟁력을 가지고 있는지를 확인할 수 있고, 시장 진출 전략까지도 세울 수 있습니다.

고객 니즈 분석

잠재 고객의 니즈를 파악할 수 있고, 실제 POC를 진행하는 거래처, 파트너에게 솔루션의 가치를 입증하고 신뢰를 얻어 향후 고객을 확보하는 과정까지 이어지는데 유리합니다. 또한 POC를 검증하며 얻은 피드백으로 솔루션을 개선하고 경쟁력을 강화해 나갈 수도 있습니다.

기술 타당성 검증

보유 기술이 실현 가능한지 파악하고, 현업에 적용되었을 때 예상했던 성능이 잘 구현되는지 확인할 수 있습니다.

경쟁 우위 확보

실제 도입 전에 솔루션의 문제점을 파악하고 해결하여 리스크를 줄일 수 있고, 경쟁사보다 새로운 기술을 먼저 도입해 시장을 선도해 나갈 수 있습니다.

이외에도 다양한 이유가 있겠지만 심플하게 이야기하면, 우리 비즈니스 모델이 실제 시장에서 매출을 만들어 내고 성장할 수 있는지 파악하기 위해 꼭 필요한 과정이라 보면 되겠습니다.

POC와 관련해 저희 회사 예를 들어볼게요.

씨엔티테크는 현재는 수많은 기업에 투자하는 액셀러레이터로 이름이 더 많이 알려져 있지만, 2003년 출발 당시에는 외식 산업에 적용할 수 있는 주문중개용 소프트웨어를 개발한 회사였습니다.

1588로 시작하는 대표번호로 주문, 홈페이지 서비스, 모바일 주문하기 등을 만들어 소비자가 음식을 주문할 수 있게 솔루션을 만들고, 서비스 검증을 위한 POC를 진행했습니다. 회사의 SaaS 기반 솔루션이 다양한 외식 브랜드에 제공되었을 때 어려움 없이 쉽게 적용되는지 확인을 해야 했기 때문이었죠.

저희 회사를 비롯해 B2B 기업 중 SaaS 형태의 기업들은, 반드시 타깃 고객을 찾아 확인하는 과정을 거쳐야 합니다. 보통 스타트업의 예산 한계로 MVP 진행을 하게 되죠. 완성품을 만들기까지 예산 소요가 많기 때문에 이 솔루션이 적용 가능한지 최소 기능 모델로 확인해 보면서 업그레이드와 비즈니스 모델을 정교하게 만들어 나가는 겁니다.

저희는 사업 초기 미스터피자와 함께 대표번호 주문 솔루션 테스트를 진행했습니다. 당시 피자업계 국내 3위 정도였기 때문에 좋은 기회였습니다.

POC를 진행하면서 '버튼 위치를 바꾸어 달라' '콜센터 주문과 홈페이지 주문양을 분석하는 대시보드를 만들어달라' 등 다양한 피드백이 들어왔습니다. 저희는 이러한 구체적인 요청이 반가웠습니다. 원하는 기능을 업데이트 하다보면 다른 기업들에게 적용할 때도 도움이 되거든요.

이처럼 POC로 특정 기업과 함께 서비스를 테스트하고 개선하는 과정을 거치면 어느 정도 솔루션의 질이 높아지게 됩니다. 그리고 모든 거래처에 적용 가능하다 싶을 때 시장에 내놓는 것이죠.

자, 그러면 B2B 기업들이 POC 대상 기업을 어떻게 콘택트 할 수 있을까요? 사업 초기에 저희 회사는 방법이 없었습니다. 지금처럼 기업과의 오픈 이노베이션 형태의 자유로운 기회가 없었거든요.

그래서 제가 일일이 전화를 걸어 POC 할 수 있는 기업을 탐색했고 부탁했었습니다. 하지만 지금은 다행스럽게도 국내 대기업들이 '오픈 이노베이션'으로 스타트업의 기술을 테스트할 수 있게 기회를 열어주고 있죠.

이 오픈 이노베이션을 활용할 경우 스타트업은 대기업의 투자로 성장 자원을 확보하는 기회를 얻을 수 있고, 대기업의 기술과 전문성을 활용해 제품 개발 속도를 높일 수도 있습니다. 또한 대기업 판매망을 활용해 제품을 빠르게 출시할 수 있고, 대기업과의 협력과 네트워킹을 활용해 새로운 사업 기회를 창출할 수도 있습니다.

물론 대기업 입장에서도 오픈 이노베이션은 좋은 기능들이 많죠. 스타트업의 아이디어, 기술로 기업혁신을 이룰 수 있거든요. 그리고 자체 연구 개발보다 비용 부담이 적기 때문에 효율도 높일 수 있고, 빠르게 변화하는 시장 트렌드에 대응할 수도 있습니다. 더불어 미래 기술 확보로 경쟁 우위를 차지할 수도 있고요.

이를테면 대기업 중 CJ의 8개 계열사는 매년 오픈 이노베이션을 진행하고 있습니다. CJ ENM에서는 '영상 자동화 편집툴 POC가 가능한 기업'을 찾아 콘택트하고, CJ제일제당은 '대체육 관련 기술을 보유한 스타트업 중 POC 가능한 기업'을 찾아 기회를 열어주고 있죠.

기업의 요청에 맞게 POC 지원을 하게 되면 CJ는 해당 프로젝트를 수행할 수 있도록 지원금을 주고 있습니다.

스타트업 중에 POC가 가장 많이 필요한 분야가 있습니다. 바로 소재, 부품, 장비와 관련된 '소부장' 기업입니다. 이 분야는 반드시 POC를 진행해야 하죠.

제가 투자한 기업 중 플러스티브이라는 소부장 스타트업이 있는데요, 이 기업은 카카오 모빌리티와 함께 택시 조수적 뒤편에 차량용 디스플레이를 공급하면서 POC를 진행했습니다. 협업을 계속 이어나가다 좋은 기회로 인수되었죠.

이처럼 POC로 투자유치를 하고 인수가 이루어지는 사례는 굉장히 많습니다. 저희 회사와 엑시트를 했던 키워플러스라는 스타트업은 카카오 키즈 대상 사업 POC에 참여했었죠. 당시 이 기업은 어린이 전용 웨어러블 기기인 스마트워치폰을 개발해, 부모들이 아이들의 위치를 확인하거나 유해물 차단 및 스마트폰 중독 방지 앱, 교육 콘텐츠 등을 탑재한 서비스를 제공했습니다. 그러다 2018년 카카오에 100억 원 규모로 인수되었죠.

현대자동차의 경우 스타트업들에게 오픈 이노베이션 기회를 많이 주고, 기업들을 통해 다양한 혁신을 만들어 나가고 있습니다. 1부에서 이야기했던 아고스비전이 현대자동차와 POC를 진행한 사례로, 현대자동차는 보스턴 다이내믹스를 인수하면서 보완할 수 있는 기술과 다양한 측면에서 끊임없이 진화하는 중이었습니다. 여기에 이 아고스비전의 3D 광시야 카메라까지 탑재한 것이죠. 자동차 주행 중에 노면의 단차를 인식하고 불규칙한 지면의 상태를 파악하면서 안전성을 유지하는 데 도움을 주는 기술을 보유하고 있었거든요.

제가 투자한 스타트업이나 보육을 맡았던 기업 중, 상당수가 저희 인프라를 이용했거나 대기업의 오픈 이노베이션에 투입되었습니다. 또한 그동안 투자해온 400여 개 스타트업의 비즈니스 수요 연계를 지원하고 있고, 대기업, 중견기업과의 협업을 통해 스타트업의 POC도 지원하고 있습니다.

이 POC를 하는 과정에서 고객을 100% 만족시키기 위해 최적 기능 업데이트나 맞춤 솔루션 등을 개발해 나가다보면 그다음 시장에 론칭했을 때 성공 가능성이 훨씬 높아집니다. 그렇기 때문에 POC에서는 '무조건 고객을 만족시켜야 한다'는 것이 가장 중요합니다.

저는 이러한 과정을 '기술혁신이 아닌 가치혁신에 집중하라'로 표현하고 싶습니다. 기술의 혁신은 새로운 기술을 개발하는 것을 의미하지만, 뛰어난 기술 자체가 고객에게 가치를 제공한다고 볼 수는 없습니다. 고객에게 진정한 가치를 제공하는 것은 고객의 니즈를 충족하고 기존에 불가능했던 새로운 경험을 제공하는 것이죠. 그게 바로 '가치혁신'이고요.

1인용 이동 수단의 대명사였던 세그웨이Segway는 미국 ABC 아침 프로그램에 소개되면서 세상에 처음 이름을 알렸고, 신기술 출현에 사람들의 이목이 집중되었습니다. 스티브 잡스도 한때 세그웨이가 PC보다 훨씬 중요한 역할을 할 것이라 했을 정도니까요. 그러나 높은 가격과 각종 사건 사고들로 비운의 발명으로 남아버렸습니다. 기술혁신은 있었지만 고객에게 가치혁신은 부족했던 사례죠.

모토로라의 이리듐 전화도 대표적인 가치혁신 실패 사례입니다. 통신망이 구축되지 않고 해외 로밍이 잘 안되었던 시절 모토로라는, 위성을 쏘아 올려 전 세계 지역을 연결하는 위성 통신망을 구축하려고 했습니다. 그러나 이리듐 전화는 사막이나 산, 바다에서는 잘 터졌지만 오히려 도시에서 잘 터지지 않았고, 휴대폰 가격도 대당 3,000달러에 통신료는 분당 4~7달러로 지나치게 비쌌습니다. 결국 가치혁신에 실패했기 때문에 시장에서 사라지게 되었죠.

위의 사례로 알 수 있는 점은, 기업이 아주 뛰어난 기술을 보유했다고 해서 꼭 성공하는 것은 아니라는 겁니다. 제품이 시장에 적합한지, 고객의 문제를 해결하는지에 대한 검증 과정이 필요하고 이것이 POC가 필요한 이유입니다.

마지막으로 스타트업이 POC 밸류에이션을 높일 수 있는 팁을 이야기하자면, 투자자들에게 IR을 진행할 때, POC 거래 파트너와의 양해각서Memorandum of Understanding, 의향서Letter of Intent, 계약서Contract를 증빙으로 보여주는 겁니다.

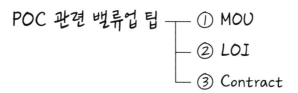

POC 관련 밸류업 팁 — ① MOU
└ ② LOI
└ ③ Contract

거래 파트너와 POC 계약이 있으면 투자자는 기업 런웨이*가 길어지고, 손익분기점 시기도 앞당겨질 수 있을 것이라는 생각을 하기 때문입니다.

아무래도 불확실한 확률이 줄어드는 기업에 더 높은 가치를 부여하는 건 당연하겠죠. 그러므로 POC를 통해 비즈니스 모델을 검증하고, 이를 증빙할 수 있는 MOU, LOI, Contract로 회사를 밸류업 하면 좋습니다.

---

*   스타트업 자금이 소진되기까지 소요되는 시간

3장

Investor

◆

초기 스타트업은 시드투자 단계에서 액셀러레이터를 만납니다. 그런데 모든 투자자가 좋은 투자자일까요?

스타트업이 처음 투자를 받는다면 저는 후속투자 유치 사례가 많은 액셀러레이터에게 투자 받는 것을 추천하고 싶습니다. 스타트업 밸류업에 상당한 도움을 받기 때문이죠.

초기 시드투자를 받은 스타트업은 Pre-A 단계나 시리즈 A 단계로 넘어갈 때 벤처캐피털이 회사의 밸류에이션을 추정하게 되는데요, 이때 첫 투자자의 밸류에이션으로 특정 배수 멀티플Multiple을 적용하는 경우가 많습니다. 또한 벤처캐피털은 스타트업의 기업 가치를 측정하기 위해 PSR, PER 등 상대가치 평가법도 많이 활용하는데, 만약 액셀러레이터가 벤처캐피털과 파트너십으로 후속투자 연결 경험을 가지고 있다면, 스타트업 성장 속도에 따라 어떻게 밸류에이션을 측정할지 기준점이 되어 주기도 합니다.

벤처캐피털 기업 마그나인베스트먼트와의 투자유치를 예로 들어 보겠습니다.

이 기업은 다양한 벤처투자조합으로 이루어져 있는데, 그중 농식품 펀드로 엘로이랩과 에스와이솔루션 두 스타트업이 평균 멀티플 7배로 후속투자를 받았습니다. 또한 현재 검토하고 있는 다른 기업의 밸류에이션 추정치도 7배일 확률이 높습니다. 그러므로 저희처럼 후속투자 유치 경험이 많은 액셀러레이터에게 투자 받는 것이 스타트업 입장에서 유리할 수 있다는 겁니다.

여기서 액셀러레이터에게 투자를 받는 것이 후속투자 유치로 이어지는 이유를 정리해 보겠습니다.

① 액셀러레이터의 네트워크
② 액셀러레이터의 전문성
③ 후속 투자유치의 기회
④ 공동체 형성

액셀러레이터의 네트워크

액셀러레이터는 벤처캐피털, 사모펀드 등 기업의 성장 단계에 투자를 하는 수많은 투자자와의 네트워크를 가지고 있습니다. 그리고 스타트업에게 적합한 투자자를 연결해 주는 역할을 하죠. 스타트업은 액셀러레이터의 다양한 프로그램을 활용해 투자자에게 자신의 비즈니스 모델을 홍보하고 투자유치 기회를 얻게 됩니다.

저희 회사는 지난 10여 년간 기업 보육 5,000개 이상, 400개의 스타트업 투자, 32개 기업의 엑시트, 130여 개 기업의 후속투자 유치를 진행했습니다. 투자사의 누적 매출은 5,000억 원 가까이에 되죠. 저희 포트폴리오에 편입된 스타트업이 성장하기 위해 팁스, 윙스WINGS의 직간접 연계투자를 꾸준히 진행해 현재까지 200개의 기업이 해당 지원을 받았습니다. 또한 130여 개 기업의 후속투자 연계로 4,072억 원의 투자유치를 달성했죠. 아마 다른 액셀러레이터들도 마찬가지겠지만, 저희 같은 투자자들은 한 번의 투자로 끝내지 않고 끊임없이 네트워크를 활용해 투자한 기업에게 후속투자 같은 많은 기회를 연결해 주려고 합니다.

액셀러레이터의 전문성

액셀러레이터는 스타트업에게 비즈니스 모델 고도화, 투자유치,

홍보 마케팅 등 다양한 분야에 수준 높은 멘토링과 교육을 제공합니다. 스타트업은 전문가의 도움을 받으면서 사업 성장을 빠르게 할 수 있죠.

저희 회사는 보육 대상 기업들을 진단 평가하고 효율적인 보육 프로그램을 운영하기 위해 6년 전 밸류체크시스템을 개발했습니다. 그동안 축적된 노하우로 어떻게 해야 도움이 되는 멘토를 매칭해 기업 성장에 기여할지, 멘토링 시급한 분야는 어디이며 가장 먼저 채워야 하는 역량은 무엇인지 파악하기도 쉽고 스타트업들이 수월한 기업 성장을 이룰 수 있다는 생각을 한 것이죠.

액셀러레이터들도 자신들의 역량을 키우고 전문성을 높이기 위해 끊임없이 노력하고 있습니다. 이렇게 노력하는 이유는 결국 투자한 기업들이 성장하고 매출을 만들게 되면 투자자들에게도 투자회수 기회가 발생하기 때문입니다. 투자의 영역은 결국 회수를 목적으로 하기 때문에 스타트업들의 성장이 중요합니다. 그러므로 스타트업 입장에서 경험 많은 액셀러레이터를 통해 보육을 받고, 이들의 투자를 받는 것이 현명한 선택이라고 할 수 있습니다.

후속투자 유치 기회

액셀러레이터 보육 프로그램으로 스타트업은 IR 데모데이, Closed IR의 기회를 얻고 벤처캐피털과의 네트워킹 연계도 받을 수 있습니다. 이러한 투자자와의 만남, IR 발표 자리로 스타트업은 멈추지 않고 자신의 비즈니스를 알리게 되죠. 이렇게 인연이 만들어지면 후속투자가 이루어지기도 하고 잠재투자자를 확보하기도 합니다.

저희 회사는 시드투자 단계에서 투자를 하다 보니 후속투자를 염두에 두는 경영 멘토링, 네트워킹 활동을 많이 합니다. 후속투자 유치와 관련하여 하는 활동에는 팁스 기업 매칭, 해외 법인 네트워크를 활용한 스타트업 글로벌 진출 지원이 있죠. 본업이 푸드테크였다 보니 액셀러레이터 중에서 재원 규모가 꽤 큰 편입니다.

요즘에는 기업 성장을 지원하기 위해 해외 네트워크 확장에 집중하고 있습니다. 코로나19 엔데믹 이후만 해도 저는 투자한 기업들과 함께 몽골, 실리콘밸리, 베트남, 사우디아라비아, 일본, 중국을 다녀왔습니다. 현지에서 다양한 기업 컨설팅, 투자연계, 파트너사 확보로 소기의 성과를 달성하기도 했습니다.

반복되는 이야기지만 액셀러레이터의 가장 큰 목표는 스타트업의 성장과 밸류에이션을 높여 투자회수 기회를 갖는 것입니다. 이를 위해 수많은 투자자들이 아낌없는 지원을 하는 것이죠.

공동체 형성

액셀러레이터의 보육 프로그램에 참여한 스타트업은 비슷한 목표를 가진 기업들과 네트워킹을 형성하고, 서로 정보를 공유하며 협력해 나갈 수 있습니다. 또한 투자를 유치한 기업과 투자자끼리 끈끈한 관계도 형성되죠. 저희는 투자한 스타트업 외에도 보육 중인 기업을 대외에 알릴 수 있도록 다양한 마케팅 채널에 소개하고 있습니다.

유튜브의 경우 '전화성의 CNTV'에 매일 오전 8시 40분부터 약 15분 동안 1개의 스타트업을 소개하며 현재 800개가 넘는 스타트업을 알렸습니다. 또한 저희 회사 주관 데모데이 행사가 열릴 때에는 라이브 방송을 키고요. 그 외에도 투자, 보육 육성 중인 스타트업을 위해 인스타그램, 페이스북, 블로그와 같은 마케팅 채널을 활용해 기업 소식을 전하고 있습니다.

이렇게 스타트업을 적극적으로 소개하는 이유는 결국 스타트업과 액셀러레이터는 같은 곳을 바라보는 공동체라는 데에서 출발하고, 더 많은 투자자, 일반 사람들이 기업을 알면 서로에게 좋은 기회가 되기 때문이죠.

4장

Exit

◆

스타트업 투자에서 투자자들은 불확실한 확률은 낮추고, 수익은 최대로 이끌어내기 위해 엑시트 전략을 중요하게 생각합니다.

스타트업이 투자자에게 인수합병 또는 IPO와 같이 명확한 투자 회수전략을 제시하면 투자자 입장에서는 '이 기업이 이러한 계획을 가지고 있구나'라는 생각에 투자의 불확실한 확률은 낮추면서 동시에 매력도가 올라가게 됩니다.

물론 극초기 기업이 막연히 '우리는 IPO를 할 것이다'라고 이야기 하면 투자자들은 현실성이 없다고 여길지 모릅니다. 그렇기 때문에 투자회수전략은 세밀한 부분까지 신경을 써야 합니다.

투자회수전략에서 이 세밀함이란 뚜렷한 목표와 실행 계획, 시장 환경과 기업의 핵심 역량에 대한 분석이 전제되어야 한다는 것이죠.

예를 들어 현재의 매출 성장 추이를 감안해 '적어도 내년에는 200억 원 이상의 매출이 예상되며 영업이익은 15%를 상회하여 상장 시도를 5년 내에 할 수 있을 것 같다'와 같이 세밀한 부분까지 담아 이야기하는 것입니다. 그리고 이에 대한 근거로는 기존 기업의 매출 성장 추이와 영업이익 개선율과 같은 데이터를 제시하고, 매출을 높이기 위한 수익화 전략, 유통 및 마케팅 전략도 제시되면 훨씬 설득력을 얻게 되겠죠. 막연히 '5년 내에 IPO를 할 것이다'라고 야망만 던지는 것보다, 객관적인 데이터에 근거한 재무예측이 기업 스스로 밸류에이션을 높이는 방법이라는 겁니다.

정리하자면, 스타트업의 뚜렷한 목표와 실행계획, 구체적인 시나리오, 객관적인 데이터에 의한 투자회수전략 제시는 투자자의 매력을 높이고 밸류업의 근거가 됩니다.

이렇게 해서 기업의 밸류업을 위한 4가지 조건으로 TPIE, 즉 팀(Team), 개념증명(POC), 투자자(Investor), 회수(Exit)를 살펴봤습니다.

그러나 기업의 밸류업을 위해 앞서 생각해야 하는 기본 조건은 스타트업이 가진 아이디어, 비즈니스 수익화 모델입니다.

아이디어는 문제인식에서 출발하여 문제해결의 결과로서 나온 솔루션을 의미합니다. 이 솔루션은 창업자의 고민에서 시작하지만 결국 고객이 선택하는 쪽이 의미 있는 솔루션이 됩니다.

사실 고객은 기업이 내놓은 솔루션 자체에 관심이 없습니다. 그들의 문제해결에만 초점이 맞추어져 있죠. 그래서 고객의 선택을 받은 아이디어가 시장에서 유의미하고 기업 입장에서는 아이디어의 증명이 됩니다. 아무리 아이디어가 뛰어나고 특허를 받았다고 해도, 투자자의 관점은 '최초'로 등장한 제품보다는 '최초'로 시장에서 받아들여진 제품에 더 관심을 둡니다. 고객이 해당 제품을 선택해야 비로소 시장이 만들어지고 성장의 과정을 겪기 때문이죠. 그러므로 창업자가 집중해야 하는 부분은 뛰어난 기술력으로 문제를 해결하겠다는 관점이 아닌, 우리 아이디어가 고객의 문제를 정말로 해결할 수 있을지, 고객의 문제해결을 위해 핵심 요소를 제공할 수 있을지 등의 고객 관점에서 한 번 더 아이디어를 점검하는 것에 집중해야 합니다.

비즈니스 수익화 모델 역시 기업 밸류업을 위한 기본 전제조건입니다. 창업자의 아이디어로 만들어진 솔루션을 어떠한 방식으로 판매할 건지 확실하게 세워져 있어야 합니다.

즉, 하드웨어를 판매하면서 유지보수를 월 단위로 할 것인지 아니면 일회성으로 팔고 서비스를 종료시킬 것인지, 광고 수수료로 매출을 발생할 건지 등을 명확하게 갖춘 수익화 모델이 있어야 하는 것이죠.

그리고 해당 수익 모델 중 어디에 매출 비중을 두는지에 따라 기업이 힘을 줘야 할 세일즈, 마케팅의 방향도 결정되기 때문에, 회사의 밸류업을 위해서는 TPIE와 함께 가장 기본이 되는 기업의 아이디어, 비즈니스 수익화 모델을 꼼꼼히 살펴보는 것이 중요합니다.

6부

투자에서 엑시트까지

◆

극초기 기업의 투자 사업은 리스크가 상당히 높습니다. 초반에 이야기했듯이 70%의 안될 확률과 30%의 잘 될 확률을 보고 투자가 이루어지기 때문이죠. 그래서 액셀러레이터 투자는 벤처캐피털과 동일한 규모의 펀드를 보유하고 있어도 몇 십 배 많은 기업을 찾아 투자해야만 합니다.

사실 저는 투자하고 싶은 기업을 선정할 때 많은 조건들을 살펴보지만, 그중에서도 창업자를 중요하게 봅니다. 스타트업 성공 확률의 52%는 창업자에게 달려있다 봐도 되거든요. 48%는 기업이 처한 배경과 상황, 일부 운도 따라야 하고요.

이 48%의 상황에서 오는 리스크를 어떻게 줄이고 대처하는지는 창업자에게 달려 있습니다. 중도 포기하지 않고 끝까지 헤쳐 나갈 것인지는 결국 창업자의 선택이니까요.

그러한 관점에서 저는 창업자의 열정, 기세도 함께 봅니다. 스타트업은 정말 많은 기업이 도전하지만, 끝까지 버티고 살아남기 위해 거쳐야 하는 고난과 역경이 너무 많습니다. 그래서 10년 뒤에는 대부분이 망하기 때문에 창업자가 그 과정을 끝까지 이겨낼 수 있는 열정이 있는지 보게 되는 것이죠.

성공적인 투자란 단기간의 이익을 넘어서서 장기간의 지속가능성을 고려해야 합니다. 그러므로 제가 하는 초기 기업의 투자는 스타트업의 미래를 형성하는 과정에 참여하는 것이고, 그들의 여정을 함께 걷는 것이라 생각합니다.

저희 회사는 400개 넘는 기업과 인연을 만들어 어떤 기업들과는 투자회수로 아름다운 이별을 했고, 다른 기업들과는 여전히 이별을 위한 과정에 있습니다.

수많은 스타트업 창업자와 만나 이야기를 듣고, IR 발표로 인연이 닿아 투자까지 이어지게 되면 저에게는 각별한 인연이 됩니다. 투자사와 피투자사로 엮이는 것 이상으로 함께 생존하고 성장하기 위해 끈끈한 상호 연대가 만들어지거든요.

스타트업은 액셀러레이터에게 시드투자를 받고 성장하는 과정 속에 정말 많은 고난을 겪습니다. 늘 좋은 일만 생기는 스타트업은 거의 드물거든요. 성장 단계별로 극복해야 할 수많은 미션과 시련이 기다리고 있죠.

차곡차곡 단계별로 쌓아 나가는 과정에서 스타트업 창업자들은 자연스레

내공이 생기고, 사건 사고가 발생했을 때 오히려 의연하게 대처하는 모습으로 성장해 갑니다. 그만큼 창업자들이 CEO 다운 모습으로 다듬어진다고 말할 수 있겠네요.

어떤 창업자는 투자 관계가 종료되었음에도 여전히 유대관계를 갖고 연락이 오기도 하고, 단계별로 성장해 나가는 모습을 매주 혹은 매월 알려주며 소통을 이어가는 창업자도 있습니다. 그런 인연을 마주할 때마다 가슴속의 뭉클함과 열정을 느낍니다. 그것이 저희와 같은 액셀러레이터가 투자를 이어나가는 동기부여가 되는 건 아닐까 싶네요.

그래서 이번 6부에는 그동안 투자했던 기업 중 기억에 남는 창업자의 에피소드 세 가지와 액셀러레이터가 맞서는 편견에 대해 이야기하려고 합니다.

① 성실함을 이길자 없다

② 투자자의 리소스와 네트워크는 무조건 활용하라

③ 끝날 때까지 아직 끝난 것이 아니다

1장

성실함을 이길 자 없다

◆

스타트업 창업자들이 사업을 하는데 중요한 것은 변함없는 성실한 태도입니다. 매주 혹은 매월 꾸준히 경영 소식을 알려주는 창업자들이 있습니다. 이들의 공통점은 대부분 후속투자를 유치하며 지속된 성장세를 이어 나가고 있다는 점입니다.

요즘은 시드투자를 받은 창업자가 꾸준히 소식을 알려주는 경우도 있습니다. 이들 역시 지속된 성장세에 위치하고 있죠. 투자자와 소통을 계속 이어나가게 되면, 기업 경영에 있어 발생 가능한 리스크를 관리할 수 있고, 투자자를 통해 경영 조언을 받을 수도 있습니다. 그만큼 창업자들에게는 좋은 기회가 되죠.

그럼 몇몇 기억에 남는 사례를 공유해 보겠습니다.

2019년 투자한 코드스테이츠는 국내 대표적인 IT 인재 양성 스타트업입니다. 이들은 컴퓨터공학 비전공자를 대상으로 교육을 제공하며 사업을 시작했습니다.

현재는 개발, 인공지능AI, 데이터, 업무 자동화 등 디지털 트랜스포메이션의 실무역량을 강화하기 위한 맞춤형 기업교육솔루션을 제공하고 있습니다.

코드스테이츠의 김인기 대표님은 저희 회사에서 시드투자를 받은 후 무려 4년 반 동안 매월 KPI 성과 리포트를 보내오고 있습니다. 투자했을 때보다 밸류가 40배 이상 성장하여 현재 기업가치가 1천억 원에 육박하는데도, 매월 투자자 보고로 전략을 점검받고 때로는 리스크 관리를 위한 조언을 받으면서 성실함으로 꾸준히 성장해 나가고 있습니다.

스타트업 산군은 건설 기업의 실시간 신용평가정보, 재무정보 및 전국의 건설현장정보 등 모든 건설사의 수주 실적을 볼 수 있는 정보 제공 플랫폼입니다.

2022년 산군에 투자한 이후, 건설사 대상 SaaS 솔루션으로 시장에 빠르게 진출했죠. 현재는 건설회사의 입찰 정보와 낙찰 정보도 제공하며 건설 산업의 투명성을 높이는데 기여하고 있습니다.

산군의 김태환 대표님과는 매월 영업 진행 상황을 메일로 교류하면서 시장에서의 전략을 수정해 나가고 있습니다. 성실함으로 10개월 만에 후속투자 유치에도 성공했고, 대표적인 건설 SaaS 솔루션 스타트업으로 성장하고 있습니다.

유니유니는 비식별 행동패턴 분석 AI 솔루션을 활용한 안심 화장실 솔루션 '쌔비'를 운영하고 있습니다. 쌔비는 개인 정보를 침해하지 않는 비식별 데이터를 활용해 화장실에 머무르는 사람의 이상 행동을 실시간으로 감지하고, 위험상황 발생 즉시 관리자에게 알림을 보내어 신속한 대처를 할 수 있게 해주는 서비스입니다. 현재는 기존 서비스에서 기능을 확장해 부산은행으로부터 후속투자 유치도 성공하였습니다.

처음 한수연 대표님을 만났을 때 대학생 신분으로 사업을 시작하다 보니, 조직관리의 어려움을 많이 토로했었습니다. 그래서 조직관리 멘토링과 인재 채용 및 관리 노하우를 공유해 주었고, 다행히 현재는 안정된 기업을 이끌어 나가고 있죠.

한 대표님은 매주 경영 현황을 업데이트해 메일로 보내고 있으며, 저는 선배 기업인으로서 조언을 아끼지 않고 있습니다.

넥스트그라운드는 부동산의 거주 리뷰 및 평가 플랫폼인 '집품' 서비스를 운영하고 있습니다. 원룸 및 오피스텔 임대차 시장이 모두 공급자 위주의 시스템이라는 문제를 인식하고 2021년 집품을 창업하게 된 것이죠. 20만 개 넘는 거주 리뷰 및 평가가 제공되고 있고, 사용자들은 관리비부터 임대인 평가, 층간 소음 등의 정보를 볼 수 있습니다. 현재는 소통할 수 있는 커뮤니티 공간도 제공하면서 대표적인 프롭테크 스타트업으로 성장했습니다.

김청산 대표님 역시 매월 14개의 KPI 성과 지표를 꾸준히 메일로 공유하면서 소통을 이어나가고 있습니다.

2장

투자자의 리소스와 네트워크는
무조건 활용한다

◆

책 초반에 Why me, '왜 하필 나에게 투자를 받아야 할까'를 투자자의 관점에서 이야기했었습니다. 그리고 '똑똑함'이 붙은 돈, 스마트머니도 이야기했었죠.

이번 에피소드에서는 '스마트머니'를 잘 알고 활용하는 기업인 쿠캣, 아워박스, 글로랑, 플러스티브이를 소개하려 합니다.

쿠캣은 전 세계 3,000만 명의 MZ 세대 구독자를 보유한 푸드 콘텐츠 기업입니다. 트렌디한 음식과 레시피를 SNS 영상 콘텐츠에 소개하고, PB 제품을 제조 판매하면서 콘텐츠와 커머스를 접목해 회사를 키워 나갔습니다.

이문주 대표님은 고려대학교에서 심리학을 전공하다가 창업 수업을 듣고 '모두의 지도'를 설립하게 되었는데요, 당시 망할지도 모르는 위기 상황에 찾아와 투자해야 하는 이유를 설명했습니다. 그래서 저는 이 대표님의 열정과 의지를 보고 투자를 했고, '오늘 뭐 먹지?'라는 페이스북 페이지를 운영하고 있는 그리드잇 윤치훈 대표님을 연결해 주었습니다. '모두의 지도'와 '오늘 뭐 먹지?'의 극적인 만남이 지금의 쿠캣을 탄생시킨 것이죠.

사실 초기의 쿠캣은 비즈니스 모델을 갖추진 못했습니다. SNS 콘텐츠 중심으로 비즈니스를 이끌었지만 수익화 모델이 필요했죠. 그래서 저희 회사 파트너인 프랜차이즈 치킨 브랜드와 피자 기업의 광고 홍보를 하면서 매출을 만들었고 성장해 나갔습니다.

현재는 국내외 전 세계 MZ 세대 구독자를 보유한 대형 플랫폼으로 성장하여 인기를 얻고 있으며, 2022년 1월 1,200억 원에 GS 리테일로 인수됐습니다.

아워박스는 2017년 설립되어 냉장, 냉동창고 등 운송 관련 서비스업을 운영하고 있습니다. 창업자 박철수 대표님은 피자헛코리아, 디아지오코리아를 거쳐 AB인베브 아시아태평양 부사장을 역임하며 직장 생활 대부분을 구매와 공급망관리SCM 분야에서 경력을 쌓았습니다.

이후 은퇴를 하고 늦은 나이에 창업을 시작했는데, 그동안 현업에서 꾸준히 쌓아온 경험의 집합체로 초기 물류센터를 제조업 중심의

창고Warehouse에서 유통 중심의 유통센터Distribution center로 바꾸는 작업을 했습니다.

이 아워박스와 쿠캣도 제가 두 기업을 연결하면서 인연이 이어졌는데요, 바로 아워박스의 첫 고객이 다름 아닌 쿠캣이었습니다. 그 후 아워박스는 이커머스 기업들에게 물류 서비스를 제공하고, 인공지능과 빅데이터 기술을 활용하여 물류 프로세스를 관리하는 서비스로 발전했습니다.

현재 이커머스 기업의 온디맨드 풀필먼트 센터Fulfillment center를 제공하면서 기술력, 서비스 부분에서 대기업과 어깨를 나란히 하는 기업으로 성장했습니다. 2023년에는 매출액이 1,000억 원을 돌파할 것으로 보이며, 회사 가치 또한 1,000억 원 이상으로 평가되고 있습니다.

글로랑은 에듀테크 스타트업으로 비대면 키즈 클래스 플랫폼 '꾸그'를 운영하고 있습니다. 꾸그는 실시간 수업 스케줄 운영 시스템으로 꾸준히 매출 성장을 하여 현재 비대면 키즈 플랫폼 점유율 1위를 달성했습니다. 꾸그 외에도 진담검사 서비스 SaaS를 운영하여 매년 약 6,600개의 학교에 지능, 재능, 인적성 검사를 납품하고 있고, 최근에는 APAC 국가로의 글로벌 진출을 추진 중에 있습니다.

황태일 대표님은 일본 진출을 고려할 때 저에게 처음 문의를 했습니다. 그래서 파크샤캐피탈의 에비하라 히데유키상을 소개해 주었고, 투자유치를 받아 해외진출 기회를 마련할 수 있었죠.

글로랑은 2017년 피보팅을 거쳐 2022년에는 한국투자파트너스, 뮤렉스파트너스와 기존 투자사인 파크샤캐피털이 120억 원의 후속투자를 하면서 누적 200억 원의 투자유치에 성공했습니다. 그리고 2023년 12월, AI를 활용한 유·초등 교육 혁신을 주도하는 기업으로 평가받아 과학기술정보통신부 장관 표창을 수상했습니다.

플러스티브이는 디지털 사이니지 업계의 다크호스입니다. 디지털 사이니지는 지하철 역사, 아파트 엘리베이터, 버스 정류장, 카페 등 여러 오프라인 점포 곳곳에서 만날 수 있는 디지털 광고판인데요, 플러스티브이는 기존의 디지털 사이니지에 인공지능 기술을 접목하여 실시간 마케팅 효과를 측정하는 '마케팅믹스' 서비스를 제공했습니다.

조재화 대표님은 LG전자 연구원 출신으로 2016년 창업해 저희 회사 투자를 받았습니다. 사업 초기에 저는 이 마케팅믹스 서비스를 파트너사 카카오 모빌리티에 연결해 주었고, 바로 카카오 택시에 도입이 되었죠.

이후 기아, 뚜레쥬르, GS 칼텍스 등 50곳 이상의 사이니지 솔루션 1만 개를 공급할 정도로 성장했습니다. 그리고 인공지능과 빅데이터를 활용하여 광고효과를 분석한 후, 광고주에게 보여주는 프로그램을 개발하여 2021년 카카오 모빌리티에 인수되며 엑시트까지 성공했습니다.

3장

끝날 때까지 끝난 것이 아니다

◆

마지막으로 이야기할 에피소드는 위기를 극복한 포트폴리오 기업입니다.

에이지엣랩스는 저분자 특허 뮤신이 함유된 퓨리카뮤신을 보유한 이너뷰티 제품 개발 스타트업입니다. 저희가 2019년에 투자를 한 후, 퓨리카뮤신글로우를 출시하면서 성장했습니다.

2020년 에이지엣랩스는 경남제약과 함께 뮤신 및 콜라겐 성분 제품의 ODM을 위한 제품 제휴를 추진했고, 뮤신의 기능이 특화된 제품을 만들기로 협의도 했습니다.

그러나 한 달 간의 계약 검토 끝에 공동 프로젝트가 무산되었고,

이후 경남제약이 뮤신 및 콜라겐 성분이 함유된 신제품을 대대적인 홍보 마케팅과 세일즈까지 하며 출시해 문제가 불거졌습니다.

이러한 상황에 당황한 것은 스타트업과 투자를 하려던 투자사였습니다. 대형 제약사가 경쟁 제품을 출시했기 때문에 투자심사가 난관에 봉착할 것이라는 우려가 있었거든요. 하지만 이정석 대표님과 투자사가 언론에 공동 대응을 하여 다행히 후속투자 유치는 원만하게 마무리되었습니다.

2023년 에이지엣랩스의 대표 제품인 글로우는 1만 개 이상의 구매후기, 단일 품목으로 연 100억 원 이상의 매출을 기록했고, 300억 원의 기업 가치를 인정받아 엑시트를 할 수 있었습니다.

더스윙은 킥보드 공유 서비스를 제공하는 스타트업으로 2018년 창업하여 수도권 중심의 서비스를 제공했습니다. 투자한 이후 국토교통부의 각종 규제, 사용 제한 등으로 난관이 있었지만 김형산 대표님은 포기하지 않고 끝까지 문제를 해결하여 현재는 국내 최대 규모 퍼스널 모빌리티 서비스 기업으로 성장했습니다.

이처럼 기업을 운영하면서 규제 때문에 매번 발목이 붙잡혔지만 꿋꿋이 이겨내고 사업을 이끌어 나가, 2022년에는 300억 원 규모의 투자를 유치하여 17억 원의 영업 흑자도 달성했습니다.

김 대표님은 여기서 멈추지 않고 종합 공유 모빌리티 기업으로 성장하기 위해, 카카오T 같은 택시 호출 플랫폼과의 협업으로 시너지를 창출하려는 목표도 가지고 있습니다.

차오르다는 2020년에 설립된 에듀테크 스타트업으로 AI 매칭 플랫폼인 '수학맞춤', 온라인 교육 전문 브랜드 '과자(과외와 자습)', 온·오프라인 연계 스터디 센터인 '과자 스터디센터'를 운영하고 있습니다.

배철호 대표님은 수학 과외 매칭 서비스를 제공하는 플랫폼으로 저희의 투자를 받았습니다. 하지만 투자를 받은 후, 프리미엄 독서실 시장으로 사업 방향을 확장하다가 갑작스레 스터디 카페로 아예 시장 전환을 해버리면서 위기를 맞았습니다. 그러나 저희가 후속투자를 하면서 팁스매칭을 연결했고, 현재는 손익분기점 통과를 눈앞에 두고 있습니다.

저희 회사의 경영철학은 상즉인商卽人 인즉상人卽商입니다. 이 말은 조선시대 말기 거상 임상옥이 했던 말로 "장사는 곧 사람이고, 사람이 곧 장사다"라는 의미입니다. 20대 때 저의 회사 에스엘투SL2 운영이 실패했을 당시 읽었던 『상도』에 나온 문장이 아직도 제 마음속에 낙인처럼 새겨져 있는 것이죠. 특히 "장사란 이익을 남기기보다 사람을 남기기 위한 것이다"라는 문장을 읽고, 그때부터 저는 사람에 대한 투자를 바탕으로 오랜 기간 성장과 미래를 보게 되었습니다.

보육을 통해서든 투자를 통해서든 창업자와 투자자와의 인연은 참 소중합니다. 그리고 그 관계가 지속되는 과정에서 기업이 성장하는 모습을 보며, 저 또한 꾸준히 성장하는 것 같습니다.

4장

액셀러레이터,
편견에 맞서며 오늘도 뛴다

◆

초기투자를 하는 액셀러레이터 기업은 규모가 작다는 이유로 종종 업계에서 영세하다는 편견을 받습니다. 벤처캐피털이 수십억 원에서 수백억 원 대의 투자를 진행하는 것에 비해 액셀러레이터는 수천만 원에서 수억 원 사이로 규모가 작다 보니 그러한 편견이 생긴 것이죠. 하지만 투자 규모나 초기 기업의 규모가 작다고 하여 액셀러레이터를 낮게 보는 인식은 바뀌어야 한다고 생각합니다.

제가 책 초반에 액셀러레이터와 벤처캐피털이 투자하는 기업의 수와 규모 그리고 각자가 바라보는 관점에 대해 잠깐 언급한 적이 있는데요, 액셀러레이터들은 주로 스타트업의 아이디어 단계나 시드단계를 대상으로 하다 보니 투자 규모는 당연히 벤처캐피털과 비교할 수가 없습니다. 하지만 그렇다고 해서 액셀러레이터의 가치까지 과소평가돼서는 안 된다고 봅니다. 초기 스타트업에게는 대규모 투자금보다 실질적인 성장 지원이 더 중요할 수가 있거든요.

액셀러레이터들은 초기 스타트업들을 위해 소규모 투자와 함께 기업가 정신, 사업가 역량을 키워내는 프로그램으로 물심양면 돕고 있습니다. 투자회수와 자본 이득을 목표로 스타트업에 투자를 하는 벤처캐피털과는 달리, 교육 및 컨설팅에 조금 더 중점을 두는 것이죠. 초기 스타트업이 생존하고 성장해 나갈 수 있도록 맞춤형 교육, 멘토링, 네트워킹을 지원하는 겁니다.

몇 가지 예를 들어볼까요?

전 세계적으로 유명한 와이컴비네이터Y-combinator는 2005년 폴 그레이엄, 제시카 리빙스턴, 트레버 블랙웰, 로버트 모리스가 함께 모여 출발했고, 스타트업을 돕기 위해 3개월 집중 프로그램을 만들어 운영하고 있습니다.

아이디어 단계에서부터 투자 및 멘토링을 제공하여 빠른 성장을 시킨 후 시장 진출까지 할 수 있도록 지원하는 것이죠. 투자와 컨설팅을 결합하여 집중적인 코칭, 네트워킹의 기회를 제공하기도 합니다.

와이컴비네이터의 보육 프로그램을 졸업한 스타트업들은 'YC alumni(와이컴비네이터 졸업생)'와 'batchmate(동료)'들을 만날 수 있는 비공개 SNS 북페이스Bookface를 이용할 수도 있는데요, 에어비앤비, 드롭박스, 스트라이프 등의 글로벌 기업들이 YC Alumni에 해당합니다. 이 커뮤니티 안에는 전 세계에 퍼져 있는 9천 명 이상의 졸업기업들과 창업자가 모여 있어서 맞춤 조언을 받을 수도 있고, 고민을 서로 나누며 돕기도 합니다.

와이컴비네이터 졸업생 3명 중 1명이 매일 북페이스를 이용하고 있기 때문에 기술 비즈니스 관련 질문이나 구글에서 찾을 수 없는 질문 등 다양한 질문들이 올라오고, 조언을 요청하면 서로 멘토들이 되어주며 진솔한 답변을 나누는 장이 만들어 지기도 합니다.

그 외에도 'Work at a Startup' 같은 다양한 프로그램이 신설되어 현재까지 15만 명 넘는 지원자가 프로그램을 수행하였고, 보육 프로그램 운영 효과를 데이터로 분석하며 개선을 위해 끊임없는 노력을 하고 있습니다.

플러그앤플레이는 2013년부터 액셀러레이터 육성 프로그램을 시작했습니다. 처음에는 브랜드와 소매업에만 초점을 두고 산업 섹터별 프로그램을 운영했지만, 점점 규모가 커져서 현재는 전 세계 40개 이상의 지사에서 다양한 섹터별 육성 프로그램을 운영하고 있습니다. 해당 섹터에는 기술, 핀테크, 엔터프라이즈 솔루션에서부터 농업기술, 스마트시티, 자동차 산업과 같은 다양한 기술 산업도 포함하고 있습니다.

플러그앤플레이는 단순한 액셀러레이팅 프로그램 운영을 넘어

혁신적인 운영을 위해 멘토, 기업 파트너가 함께 활동하는 플랫폼을 만들었습니다. 이 액셀러레이터 플랫폼으로 스타트업은 성장 단계에 따른 구별없이 프로그램에 참여할 수 있고, 상시 대기하고 있는 멘토들을 통해 멘토링을 받을 수도 있습니다. 또한 기업 파트너와 함께 초기 노출을 협력하여 시장 출시 기간을 단축할 수도 있습니다.

또한 플러그앤플레이는 'Selection Day'라 부르는 킥오프 행사를 위해 기업 파트너와 함께 각 프로그램에서 다룰 주요 분야를 미리 파악하고, 스타트업을 초청합니다. 그리고 이 프로그램에 합격한 스타트업은 글로벌 기업들과 시장을 검증해 나가고 성공 스토리를 만들어 나가게 되는 것이죠. 한국 오픈 이노베이션 행사와 비슷합니다.

플러그앤플레이는 이러한 섹터별 육성 프로그램과 Selection Day 행사 같은 네트워킹, 오픈 이노베이션 행사, 맞춤형 멘토링 프로그램 등으로 기업을 육성하여 현재 25개 이상의 유니콘 기업을 배출했습니다. 이들이 투자한 대표적인 기업들로는 페이팔, 에어비앤비, 위워크, 랜딩클럽, 드롭박스 등이 있습니다.

실리콘밸리 투자자인 데이브 맥클루어는 2010년 초기 단계 벤처 펀드이자 시드 단계 액셀러레이터인 '500 스타트업'을 창립하여, 500 스타트업 액셀러레이터 보육 프로그램을 운영하고 있습니다. 샌프란시스코와 본사에서 1년에 총 4회 정도 프로그램이 운영되고 있죠.

단기 집중 프로그램인 500스타트업으로 멘토링, 코칭, 네트워킹 기회와 더불어 초기투자 유치의 기회 등 다양한 기업 파트너들로 구성된 글로벌 네트워크를 활용하여 스타트업의 해외진출, 시장 적합성 검증 등 실제 기업이 성장하기 위한 여러 가지 지원정책을 펼치고 있습니다.

500 스타트업은 현재 24억 달러의 자산을 운용하는 투자기관으로 전 세계 80여 개국에 5천 명 이상의 창업자를 지원했습니다. 이 중 35개사 이상의 유니콘 기업을 배출했고, 160개 이상의 기업가치 1억 달러가 넘는 스타트업을 육성했습니다. 이들이 투자한 대표적인 기업으로는 그랩, 칸바canva, 스포티파이, 센드그리드SendGrid, 카누Kanu, 트윌로Twillo 등이 있습니다.

저희 회사에서도 초기 스타트업의 생존과 성장을 위한 보육 프로그램 필요성을 느끼고 2014년부터 2019년까지 총 15회에 걸쳐 '전화성의 어드벤처'를 운영했었습니다. 그러나 스타트업들의 섹터별 특성을 고려하지 않고 한 번에 동일한 프로그램을 적용하다 보니 잘 맞는 경우와 그렇지 않은 경우가 발생했고 결국 중단하게 되었습니다. 스타트업의 니즈도 제각각이고, 성장 단계에 따른 역량이나 산업 섹터도 다르다 보니, 모두에게 적용하기엔 적합한 프로그램이 아니었던 것이죠.

그래도 이 과정에서 보육 프로그램을 보완하기 위해서는 기업 진단부터 하는 것이 중요하다는 것을 깨닫게 되었습니다. 결국 여러 번의 시행착오 끝에 밸류체크시스템이 개발되었고, 스타트업에게 적용하기 시작했죠.

현재 저희 회사도 밸류체크시스템을 활용하여 기업의 성장단계와 니즈, 핵심 교육 부분까지 파악하고 있습니다. 그리고 섹터별로 전문화된Sector Specific 육성 프로그램도 운영하고 있죠.

마지막 장에서 저희 회사만의 밸류체크시스템에 대해 자세히 말씀드리겠지만, 이처럼 액셀러레이터는 외부의 시선처럼 영세하다는 편견과는 달리 상당히 체계적인 시스템으로 움직이고 있습니다. 각각의 특성에 맞는 프로그램과 초기투자 등의 교육으로 성장시키기 때문에 기업의 가치도 올라가게 해주는 것이죠. 이 기업들에게 저희가 밑거름이 되어 그다음 단계 성장의 토대가 되어주고, 이들은 벤처캐피털의 투자를 받아 J커브를 꿈꾸며 가속을 붙일 수 있게 되는 겁니다.

사실 초기투자 단계에서 기업들이 보육을 받을 때는 가속보다는 오히려 감속이 더 좋다고 말합니다. 저희와 함께 프로그램을 진행하면서 시장 적합성 테스트도 해보고, 초기 소비자의 반응도 살펴볼 수 있거든요. 이 과정에서 욕심을 부려 속도를 내게 되면 고객의 니즈를 충분히 이해하지 못할 뿐만 아니라 기술, 서비스의 결함을 꼼꼼하게 찾지 못한 채로 시장에 제품을 내놓게 됩니다.

초반에 핵심 타깃을 유치하고 이들이 제품, 서비스를 구매하는 과정에서 불편함은 없는지, 이들이 왜 이 제품을 구매하게 되었는지를 개선하고 문제점을 파악하는 과정이 보육 단계에서 일어나기 때문에 저희와 함께 할 때는 속도를 줄이면서 핵심 고객과 기술을 하나하나 찬찬히 뜯어보며 검증하는 것이 더 중요합니다.

액셀러레이터들은 이렇게 수많은 성장 잠재력을 가진 스타트업을 육성하면서 생존에서 성장으로 나갈 수 있는 길을 만들어 줍니다. 그리고 이들에게 교육, 네트워킹, 투자에서부터 기업가 정신에 이르기까지 다각도의 지원으로 키우며 졸업시키는 것이죠.

저희에게 졸업은 스타트업이 성장하여 투자유치를 받고 자연스럽게 엑시트 하는 것인데요, 앞서 말씀드린 대로 졸업 역시 아름다운 이별이 됩니다. 이들이 그만큼 성장해 회사 가치가 높아졌다는 것을 의미하니까요.

7부

밸류체크 시스템을 활용한 육성 그리고 투자

◆

비즈니스 모델이란 기업이 가진 자원과 프로세스를 활용해 고객 문제를 해결하고 고객 가치를 창출하는 것을 의미합니다. 그리고 기업이 성장하고 시장이 변화함에 따라 기존의 비즈니스 모델도 함께 진화하고 혁신하는 과정을 거치게 되죠.

이때의 비즈니스 모델 혁신이란 고객의 가치를 위해 기업이 가진 소재와 자원의 표준화 및 모듈화를 활용해 온라인에서 통제할 수 있고, 고객이 원하는 시점이나 장소에서 개인 맞춤 서비스를 제공하는 것을 의미합니다. 이 과정에서 반드시 해야 하는 게 바로 디지털 트랜스포메이션이죠.

최근 4차 산업혁명과 맞물려 디지털 트랜스포메이션이라는 단어가 화제입니다. 저는 지난 20여 년간 푸드테크 회사를 운영해 오면서 B2B 기반의 플랫폼을 만들어 관리해 왔습니다. 그리고 시간이 지남에 따라 다양한 거래처 고객들에게 적용할 수 있도록 프로세스의 표준화, 모듈화 과정을 거쳤죠.

푸드테크 사업으로 서비스가 확장되는 과정을 경험하다 보니, 제가 겪은 경험을 액셀러레이터 사업에 녹여낼 수 있는 방법은 없을까라는 고민이 들었습니다. 기존 액셀러레이터의 보육, 육성 방식은 아날로그에 가까운 방식이 많았거든요.

정부지원사업을 진행하거나 육성 프로그램 주관하에 액셀러레이터가 스타트업에게 필요한 교육을 진행하고, 필요한 멘토를 찾아 매칭하며 멘토링이 이루어지는 구조였습니다. 또한 육성 프로그램을 진행하면서 공통교육, 네트워킹 데이, IR 데모데이와 오픈 이노베이션도 진행되었죠.

그런데 문득 '만약 이 모든 프로세스를 시스템 안에서 관리할 수 있으면 얼마나 체계적일까?' 라는 생각이 들었습니다. 창업자들과 마찬가지로 저 역시 액셀러레이터 사업은 초기 스타트업과 다를 바 없었거든요. 그래서 조금 더 체계적으로 보육 사업을 운영하고, 스타트업을 진단, 평가, 육성 후 결과 개선까지 데이터로 정리하고 싶었습니다. 그래서 '밸류체크시스템'이라는 운영 관리 플랫폼을 만들게 된 것이죠.

이번 7부에서는 이 '밸류체크시스템'이 무엇이며 어떻게 개선되고 있는지를 개발, 피드백, 검증 과정으로 이야기하려 합니다.

1장

밸류체크시스템으로 혁신하다

◆

스타트업을 보육 및 육성하는 과정은 먼저 진단하고, 진단에 따라 각 기업이 어느 단계에 놓여있는지 분석한 후, 그 결과에 따라 정규 교육, 특화 교육, 멘토링 교육, 수요연계 오픈 이노베이션, Closed IR 등 여러 교육 및 네트워킹 연결로 이루어져 있습니다.

어떤 기업은 극초기 기업으로 비즈니스 모델이 제대로 확립되지 않은 경우도 있고, 또 다른 기업은 가설 검증까지 완료되었으나 시장 공략을 위한 전략이 없는 경우도 있습니다. 그러나 이러한 기업들이 모두 똑같은 교육을 받게 되면, 어떤 기업은 어려워할 수도 있고, 어떤 기업은 도움이 되지 않는다고 생각할 수도 있습니다.

그래서 이러한 문제정의에 따라 제가 방법을 고안해 봤습니다.

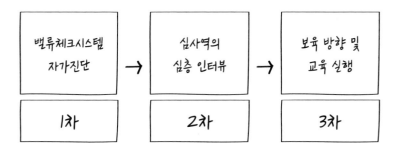

먼저 1차 자가진단을 통해 각자의 위치를 정확히 파악하고, 2차로 심사역들이 대면 인터뷰를 통해 기업에 대해 자세히 파악한 후, 그 결과에 따라 교육의 방향과 개인 맞춤 서비스를 제공하는 것이죠.

6년 전 이러한 고민들을 실행에 옮기기 위해 카테고리에 따라 나누는 작업을 진행했습니다. 그래서 사업모델, 창업자 역량진단, 경영 진단 체크로 나누어 세부 항목이 만들어졌죠. 이 항목을 엮어서 처음 시스템으로 구현한 것을 밸류체크시스템 1.0이라 불렀습니다.

제가 액셀러레이터 사업을 운영하면서 밸류체크시스템을 만들었던 목적은 크게 4가지였습니다.

이 밸류체크시스템은 스타트업의 비즈니스 모델을 점검하기 위해 기업의 핵심 역량을 진단하고, 사업화 역량과 경영 운영 역량도 진단합니다.

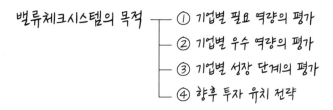

밸류체크시스템의 목적 ── ① 기업별 필요 역량의 평가
              ├─ ② 기업별 우수 역량의 평가
              ├─ ③ 기업별 성장 단계의 평가
              └─ ④ 향후 투자 유치 전략

먼저 핵심 역량 진단에서는 개발 중인 혹은 개발한 제품이나 서비스, 시장 진입 정도 및 전략, 수익과 비용에 대한 분석을 진행합니다.

사업화 역량 진단은 사업에 대한 역량 및 보유한 기술성을 체크하고, 해당 기술의 시장성, 사업성을 확인하게 됩니다.

경영 운영 역량을 체크하기 위해서는 정량적 지표로서 재무/회계 수치, 생산 구매, 판매, 물류, 인사/조직의 사항을 살펴보게 되죠.

창업자의 자가진단 설문이 완료되면 기업별로 다음 그림과 같은 결과를 얻게 됩니다.

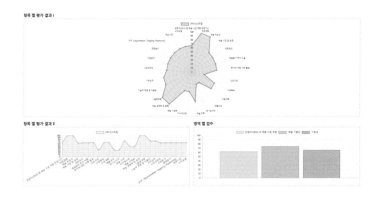

시각적으로 한눈에 어떤 역량이 부족한지 살펴볼 수 있는 이 진단 결과표를 기반으로 저희 심사역이 대면 인터뷰를 하게 됩니다. 자가진단만으로 파악할 수 없는 부분이 있기 때문에 심층 면접을 진행하면서 기업이 어떠한 리소스, 지원이 가장 필요한지를 파악하는 과정을 거칩니다.

이렇게 1차 자가진단, 2차 심사역의 심층 면접을 끝낸 후 최종 결과를 얻게 됩니다. 결과에 따라 만약 보육 대상 스타트업이 마케팅 개척 부분이 필요할 경우 마케팅, 브랜딩 및 해외 수출 전문 멘토를 매칭하고, 기술력 확보가 요구될 경우 기술경영, IT 관련 전문 멘토를 매칭합니다. 저작권, 특허와 같이 기술의 법적 보호가 필요할 경우 지적재산권, 법률 관련 멘토를 매칭하고요. 인력의 확보 혹은 인사 시스템의 관리가 필요할 경우에는 HR 전문가를, 자금 확보가 우선적일 때는 기업의 상태를 파악하고 IR 전략, 비즈니스 모델 고도화 등의 전문가를 매칭하여 기업별 1:1 멘토링을 배정합니다. 그러면 아래의 화면처럼 나오게 되죠.

또한 밸류체크시스템으로 보육을 담당하는 매니저들은 멘토 리스트를 등록하거나 관리할 수 있고, 멘토들의 멘토링 진도를 관리할 수 있습니다.

그리고 이러한 멘토링 관리를 정기적으로 진행하면서, 기업이 단계별로 어떠한 멘토링을 받았을 때 효과가 컸는지 등의 피드백으로 서비스 품질을 계속 개선할 수 있습니다.

6년 전 이 시스템을 보육 대상 기업들에게 처음 POC를 진행했고, 덕분에 현재는 어느 정도 안정된 상태의 밸류체크시스템 2.0 버전을 출시하게 되었습니다.

사실 이 업그레이드 버전은 다양한 국내외 액셀러레이터 기업들도 활용할 수 있게끔 사용성을 높였습니다. SaaS 방식의 육성 프로그램이라 봐도 좋겠네요.

2장

그로스 해킹:
가설-검증을 반복한 결과

◆

저희 회사가 운영하는 밸류체크시스템은 현재 2.0 버전까지 나왔지만 늘 갈증을 느낍니다. 어떻게 하면 기술을 더 뛰어나게 할 수 있을까, 어떻게 하면 특수산업군 스타트업도 진단 평가를 할 수 있을까에 대해 말이죠.

사실 일반적인 스타트업은 밸류체크시스템으로 진단, 평가하는 부분이 크게 문제가 되지 않습니다. 그러나 예술산업 같은 분야의 경우 기존 산업과 접근 방법에 다소 차이가 있습니다. 다양한 예술 분야의 보육 프로그램도 운영하다 보니, 변수를 고려해야 한다는 사실을 깨달았죠.

그래서 작년부터 예술 분야, 건설 분야 등 여러 분야에 적용할 수 있는 모델을 개발하면서, 다양한 가설을 세우고 검증을 반복하는 절차를 이 책의 공동저자인 이은영 실장님과 함께 하고 있습니다. 예술산업 분야에 적용할 예술기업가지수를 만들거나, 기존에 개발된 GE-맥킨지 매트릭스를 응용해 스타트업에 적용시켜 보는 실험으로 밸류체크시스템을 업그레이드하기 위한 검증을 진행하고 있는 것이죠.

그래서 이번에는 작년에 테스트했던 2가지의 새로운 모델에 대해 이야기를 해보려 합니다. 저 역시 스타트업 창업자들과 마찬가지로 꾸준히 시스템을 업그레이드하기 위해 그로스 해킹 방식처럼 가설을 세우고, 실행하고, 검증하는 방법으로 서비스 개선을 시도합니다.

이번 사례 역시 창업자의 린 스타트업 관점에서 보면 좋겠습니다. 우선 이은영 실장님과 함께 개발한 예술기업가지수부터 살펴보겠습니다.

예술기업가지수

예술기업가지수를 처음 고민하게 된 것은 예술인들이 스타트업을 이끌어가는 경우 일반 사업가들과 기업의 목표가 다른 경우를 종종 목격했기 때문입니다. 현대 무용의 인식을 바꾸고 싶다거나, 관람객들에게 더 몰입을 줄 수 있는 전시회를 기획하고 싶다는 목표가 있었거든요.

일부 예술기업가들은 기업의 목표를 매출과 성장으로 두기보다, 예술 생태계에 의미를 부여할 때가 있습니다. 하지만 투자를 받고 성장하기 위해서는 매출이나 숫자에 더 익숙해질 수 있도록 진단, 육성하는 것이 중요합니다.

물론 기업가 마인드로 매출을 올리는 스타트업들도 있으니 모든 기업에 적용되는 예라고 생각하진 않았으면 좋겠습니다.

예술 분야 기업인들의 효과 높은 진단 보육을 위해 이은영 실장님과 함께 예술가로서의 기업 아이덴티티를 유지하면서, 기업가정신을 키울 수 있는 방법을 고민하다 '밸류 프레임워크Value Frame Work'라는 모델을 만들게 되었습니다. 창업가의 비전, 철학, 가치관 및 비즈니스 모델, 성격, 가치 혁신 측면으로 기업 정성적 분석Qualitative analysis을 시도한 것이죠.

저희는 창업가를 4가지 유형으로 나누어 평가할 수 있다는 가설을 세웠습니다. 다음 장의 그림을 보면 쉽게 이해되실 겁니다.

밸류 프레임워크에서 사업가형은 예술기업으로서 사업을 매출 성장 단계에 진입시킨 창업자를 의미합니다.

예술가형은 문화와 예술의 다양성 증진에 힘쓰고 인식 변화를 추구하는 창업자 유형을 의미하고요.

선구자형은 새로운 시장을 발굴하고 개척하는 프론티어형이며,

소셜기업가형은 기업의 지속 가능한 경영과 사회적 책임을 추구하는
유형입니다.

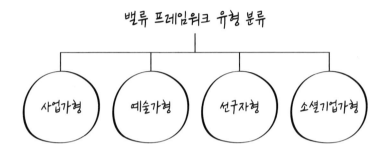

이 4가지 창업가를 구분하기 위해 진단 항목을 개발하여 정성적
평가 항목을 만들었습니다. 그리고 기존 밸류체크시스템의 성장 단계
에 따른 분류(A-D)와 교차 분석하여 X, Y축에 표시해 봤습니다.

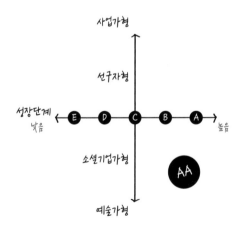

예를 들어 밸류체크시스템에서 A 등급을 받은 기업이 밸류 프레임워크에서 예술가형(A)의 진단을 받았을 경우 다음과 같이 포지셔닝 맵에 표시를 하는 것입니다.

이렇게 밸류 프레임워크를 만들어 30개 보유 스타트업을 대상으로 1차 검증을 진행했습니다. 그러나 수차례 가설 검증을 하는 과정에서 Y축의 예술가형, 소셜기업가형, 선구자형, 기업가형을 2차원으로 배치하는 건 한계가 있다는 것을 발견했습니다. 또한 성장의 단계에서, 예술가형보다 소셜기업가형이 높은 단계에 속하는지 구분하는 것도 역시 좋은 방법은 아니었다는 것을 깨달았죠.

조금 더 다차원적으로 접근해야겠다는 생각이 들어, 오히려 단순하게 진행해 보기로 했습니다. 기존 4개의 창업가 유형을, 사업가형과 예술가형 2개의 타입으로만 나누어 진행을 해본 거죠.

그래서 결국 저희는 예술기업가지수Artist Entrepreneur Index, AEI를 만들어냈습니다. 마찬가지로 자가진단을 통해 점수를 부여하는 방식으로 말이죠.

예술기업자지수는 예술기업으로 분류되는 기업들이 얼마나 비즈니스 고도화에 관심을 가지고 기업 성장을 위해 사업 고도화, 수익화 전략, 조직 운영 및 관리, 효율적인 기업 운영과 같은 사업가 자질을 갖추고 있는지 측정하는 지수입니다.

설문항목은 7점 척도로 [그렇지 않다]-[매우 그렇다]로 평가를 하게 되는데, 여기의 분류는 [재무/회계] 3문항, [인사/채용] 2문항,

[조직문화] 3문항, [총무/관리] 2문항, [리더십] 2문항, [예술성] 4문항, [팀워크] 2문항 총 18개 문항으로 구성하여, 아래의 그림처럼 폼을 만들었습니다.

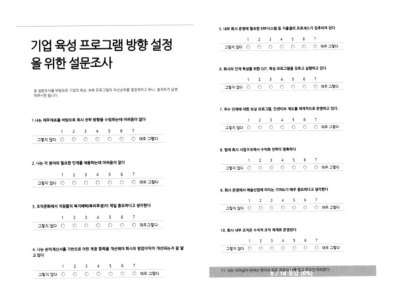

이 분류로 기업을 평가하는 이유는, 기업이 얼마나 사업가 성향을 갖고 회사를 운영하는지, 기업 내부 운영 효율성은 어느 정도인지를 파악하는 동시에 예술기업으로서 정체성도 평가하고 싶었기 때문입니다.

저희는 또다시 가설을 세우고 예술기업 20개사에 테스트를 돌려 결과를 이끌어냈습니다. 그리고 기존의 밸류체크시스템과 교차 분석하여 사분면에 표현해 봤더니 다음과 같이 그려졌습니다.

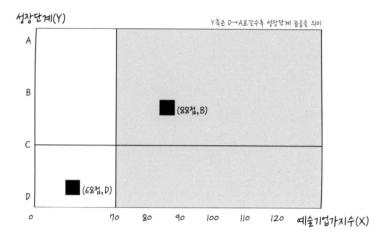

X축의 예술기업가지수를 0점에서 총점 126점 만점으로 표시했고, Y축은 밸류체크시스템 상에서의 결과인 A-D(우수→부족) 단계로 표현했습니다.

샘플 예시로 A, B 두 스타트업의 점수인 (68점, D), (88점, B)를 표현해 보았습니다.

(68점, D)를 받은 기업의 경우 기업 성장 단계가 낮고 예술기업가지수도 낮은 극초기 기업으로, 육성 프로그램을 진행해야 한다는 결론을 찾아낼 수 있습니다.

(88점, B)를 받은 기업은 기업의 성장 단계도 높고 예술기업가지

수도 높기 때문에 항목별 점수를 분석해 부족한 역량을 강화해 나가는 육성 프로그램을 진행할 수 있습니다.

이렇게 밸류체크시스템과 예술기업가지수를 사분면 위에 표현했을 때 기업의 육성 방향을 다음의 그림과 같이 예측하게 됩니다.

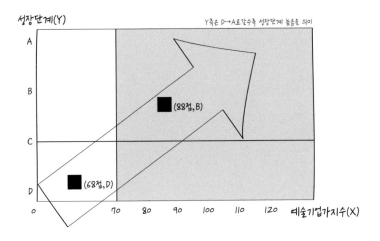

스타트업 육성 방향을 좌하단에서 우상단으로 이동하는 것을 목표로 보육 프로그램을 운영하면 되겠죠. 저희는 조금 더 넓은 범위에 확대하기 위해 보육 중인 예술기업 33개사를 추가로 더 테스트를 하여 유의미한 결과를 이끌어내게 되었습니다.

GE-맥킨지 매트릭스의 변형 모델

저희는 예술기업 외에도, 극초기 기업을 지나 매출이 발생하는 스타트업들에게도 적용이 가능한 모델을 고민했습니다. 그러던 중 오히려 새로운 모델을 만드는 것보다 기존의 완성된 모델을 기반으로 테스트를 해보자는 아이디어가 나왔고, 이미 알려진 GE-맥킨지 모델을 참고로 스타트업에 적용할 수 있는 새로운 모델을 개발하게 되었습니다.

3×3 프레임워크를 기반으로 Y축에는 산업 매력도를 두어 낮음-중간-높음으로 구분했고, X축은 자산의 핵심 역량을 낮음-중간-높음으로 구분해 9개 박스로 구성된 매트릭스를 만들었습니다.

이 매트릭스는 POC 검증을 끝낸 기업들이 매출을 발생하는 과정에서 해당 비즈니스 모델로 계속 성장할 가능성이 충분한지 아닌지를 파악하는 데 유용한 도구입니다.

극초기 기업보다는 매출을 만들어가는 기업들에게 적용하기 좋은 도구겠죠.

원래 GE-맥킨지 매트릭스의 목적은 하나의 기업 내에서 수많은 사업부가 있을 때 투자를 강화해 나갈지, 유지할지, 회수를 할지 등의 의사결정을 하는데 사용되었습니다.

그러나 이 모델을 스타트업의 경쟁력과 산업 매력도로 변형 적용

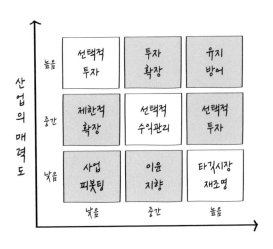

하여, 향후 기업이 성장해 나갈 역량이 충분히 있는지, 시장 환경은 우호적인지 등의 전략을 세우는데 유용하도록 응용해 보았죠. 그래서 저희는 매트릭스 9개 영역에 따라 스타트업을 위한 전략 인사이트를 정리할 수 있었습니다.

실제 스타트업이 시장에 진출할 때 [핵심 역량 보유]×[시장/산업 매력도가 있음] 조건의 교집합 점수가 높을수록 높은 퍼포먼스를 발휘합니다.

시장과 산업의 매력도가 높은 곳에서 기업의 핵심 역량까지 높으면 당연히 매출 성장률이 높아질 수밖에 없겠죠. 그래서 X축은 기업의 핵심 역량 지수를 평가하기 위한 기준을 만들고, Y축에는 산업의 매력도를 파악하는 기준을 만들었습니다.

기업의 핵심 역량을 평가하기 위해 명확한 비즈니스 수익, 브랜드 인지도, 마케팅, 성장 잠재력, 기술력에 대한 항목을 7점 척도로 문항을 만들었습니다. 그리고 세부 평가 항목으로는 기업가로서의 정체성, 명확한 비즈니스 수익 전략, 브랜드 인지도, 마케팅 활성 정도, 성장 잠재력과 투자유치, 기술력 또는 R&D 능력, 기업의 수익성을 나누어 구성했습니다.

Y축의 경우 산업 매력도가 어느 정도인지 파악하기 위해 산업의 규모와 성장률, 정책/규제의 정도, 시장 세분화, 시장점유율의 4가지로 나누었습니다.

세부 평가 항목에는 산업 규모와 성장률, 정책/규제의 정도, 시장 세분화, 시장의 점유율을 기준으로 구성했습니다.

저희는 1차 가설 검증을 위해 스타트업 32개사를 대상으로 평가를 진행했고 32개사는 다음의 분야로 분류되었습니다.

32개 기업 유형 분류

IT 분야	기획 분야	IP 및 라이선스 사업	유통분야	홍보, 마케팅 분야
5개사	8개사	8개사	5개사	6개사

그리고 32개사의 평가 결과에 따라 매트릭스 상의 9개 영역에 표

시했더니 다음과 같이 분포되었습니다.

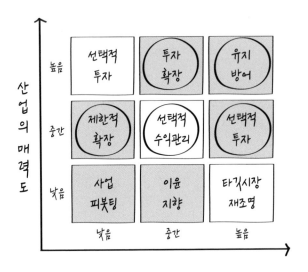

매트릭스를 통해 살펴보니 지난 6개월 동안 보육한 32개 스타트업이 대부분 중간에 위치한 것을 알 수 있었습니다. 그래서 각 위치에 따라 GE-맥킨지 매트릭스 상의 전략을 세워보았습니다.

많은 기업들이 위치한 중간의 경우 선택적 수익관리가 필요한 집단으로 평가했습니다. 이들이 공통으로 낮은 점수를 받았던 핵심 역량 지수를 살펴보니 브랜드 인지도, 마케팅 활성 정도, 기업의 수익성으로 나타났습니다. 그래서 마케팅 전략으로 브랜드 인지도를 올리고, 매출을 만들어 기업 수익성을 개선해야 한다는 것을 알 수 있었죠.

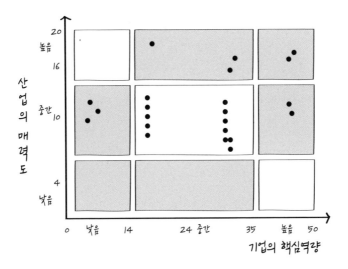

우측 최상단에 위치한 2개의 기업은 시리즈 A 라운드 투자 후, 브릿지 A 투자 단계를 진행하는 기업들로 비즈니스 수익과 비즈니스 모델도 잘 갖추어져 있었습니다. 이들은 시장점유율을 확장해 나가면서 자신들의 위치를 단단하고 튼튼하게 할 수 있는 전략이 필요한 기업들로 평가되었는데, 실제로 매트릭스 상에 잘 표현되어 있었습니다.

이들은 매출 상승을 위해 마케팅, 브랜딩 전략을 높여야 하며, 고객의 로열티, 고객 생애 가치LTV를 기반으로 재구매, 리텐션, 레퍼럴 수준도 높여 매출 볼륨과 시장의 점유율까지 높이는 전략을 해야 하는 기업입니다.

최상단 가운데의 기업은 투자 확장에 위치해 있습니다. 실제 해당 기업의 육성을 진행해 본 결과, 핵심 역량은 중간 정도지만 산업 매력도가 높은 비즈니스 모델을 보유하고 있었습니다. 그래서 이러한 스타트업들은 특화된 멘토링을 진행하여 비즈니스 수익 전략을 가다듬는 작업을 했고, 다양한 거래처 확보 및 플랫폼 활성화를 통해 비즈니스를 공격적으로 확대해 나갈 수 있는 교육을 진행했습니다.

저희가 GE-맥킨지 매트릭스를 기반으로 만든 모형을 32개사에 도입해 테스트를 했더니, 6개월 동안 육성 프로그램을 운영한 방향과 일치한 결과가 나왔습니다. 그리고 건설 분야의 스타트업 20개사에도 테스트를 진행해보니, 역시 유의미한 결과를 만들어 냈습니다.

앞서 살펴본 다양한 실험과 가설 검증은 시장의 변화와 특수산업에 적용 가능한 모델을 개발함으로써 기존 밸류체크시스템을 업그레이드하려는 목적도 있었습니다.

시장은 정체되어 있지 않고 스타트업의 육성 방식도 진화를 하며 나가는 것이 저희에게도 큰 도움이 되기 때문에 꾸준한 혁신을 시도하고 있습니다.

스타트업이 성장과 혁신을 지속하듯이 이처럼 기업 내 시스템도 꾸준히 변화하고 성장해야만 한다는 생각이 듭니다.

밸류체크시스템은 그동안 푸드테크 기업으로서 SaaS 솔루션 비즈니스로 쌓은 개발 노하우를 액셀러레이팅 육성 프로그램에 적용한 시스템입니다.

6년 넘게 사용을 해오면서 보육 과정을 표준화 및 모듈화하는 작업을 거쳤죠.

현재 밸류체크시스템은 보육할 대상 기업의 접수, 선발, 진단, 코칭 배정, 멘토링 진도 관리, 최종 평가를 소프트웨어로 관리할 수 있게 표준화된 서비스로 개선하였습니다.

2023년 해외 출장 당시, 다양한 파트너들에게 이 시스템을 보여 주었더니 다들 많은 관심을 보였습니다. 현재는 저희 회사만 사용하고 있지만, 향후에는 SaaS 솔루션 방식으로 국내외 기업들에게 확장하려고 합니다. 시스템에 의한 관리, 표준화, 모듈화로 안정감 있는 보육 육성을 한다면 액셀러레이터 산업 생태계가 한 단계 더 진화하지 않을까 기대해 봅니다.

◆

에필로그

2023년 12월이었습니다. 1박2일간의 학술 세미나가 있어 토요일 새벽부터 강원도 원주를 찾았죠. 그리고 이날 낮에는 서울 강남 인근에서 스타트업 IR 발표 심사가 있었습니다. 저는 두 일정 모두 오래전부터 가기로 했기 때문에 빠질 수가 없었습니다. 그래서 오전 세미나를 듣다가 점심시간이 되기 직전 기차를 탔죠. 하지만 기차에 내려 토요일 오후 강남길을 바라보니, 끝이 안 보일 정도로 정체된 차들이 보였습니다.

원래 택시를 타고 가려 했지만 그 길로 바로 공유 자전거를 타고 전력 질주했습니다. 제가 가는 곳은 특히나 주택과 골목이 많고 오르막길이 많았기 때문에 숨이 턱 끝까지 차올랐습니다. 한겨울에 온몸이 땀으로 흥건하게 젖을 즈음, 다행히 늦지 않고 목적지에 도착했습니다.

비록 점심 식사를 하지 못해 공복감이 밀려왔지만, 제시간에 도착해 창업자의 발표를 놓치지 않았다는 안도감이 더 크게 다가왔습니다. 현장에서는 오늘을 위해 고심했던 흔적과 열기가 가득했죠. 저는 발표 자료를 놓치지 않기 위해 집중해서 듣고 피드백도 하며 소통했습니다. 그리고 IR 발표 심사를 마치자마자 일요일 학술세미나를 위해 기차역으로 뛰어갔습니다.

하루 종일 공복에 뛰었더니 뒤늦게 피로감이 몰려오더군요. 만신창이가 된 채 기차역에 앉아있는데 문득 이런 생각이 들었습니다.

'나는 왜 이 일을 하는가?' '무엇이 나를 움직이게 하는가?' 사이먼 사이넥의 『나는 왜 이 일을 하는가』에서 WHY로 시작해 HOW, WHAT 순으로 답을 찾아가는 골든 서클이 떠오른 것이죠.

대부분 개인이나 기업은 자신이 지금 하고 있는 일이 무엇인지 100% 알고 있습니다. 예를 들어 시험 공부를 하는 것, 물건을 잘 진열하는 것, 재무계획을 잘 세우는 것 등 우리에게 주어진 일들이 무엇이고 어떻게 해야 하는지도 알고 있죠.

그러나 이 일을 '왜' 하는지를 아는 개인이나 기업은 거의 없습니다. '왜'라는 질문에 돈을 벌기 위해서라고 답을 했다면 그것은 '결과물'이겠죠. 내가 움직이는 원동력 즉, 명분이나 목적이 무엇인지를 알아야 합니다. 내 안에서 나의 믿음이 무엇인지 묻는 것이 바로 WHY겠죠.

저는 기차 안에서 다시 생각했습니다.

'내가 가는 험난한 길, 좁은 길로 이끄는 믿음은 무엇일까? 나는 왜 이 길을 선택했을까?'

그저 내가 묵묵하게 가야 할 믿음의 길이고 사명감이라는 생각이 들었습니다. 척박한 환경에 경작을 해야 하는 상황임에도 묵묵히 나의 하루를 남김없이 쏟아내면, 언젠가 나의 땀이 땅에 스며들어 스타트업 생태계에 싹을 틔울 것이고 좋은 열매를 맺을 것이라는 확신이 들었습니다. 제 안의 WHY를 찾은 것이죠.

어떤 분들은 색안경을 끼고 '사명감'과 '믿음'이라는 것에 반문할지도 모릅니다. 그러나 각자의 삶에는 반드시 이루고자 하는 목표들이 있고 가끔 그것이 반드시 수행해야 할 미션으로 다가오는 경우도 있습니다. 저에게 있어서 액셀러레이터 사업처럼 말이죠.

저는 우리가 가진 것을 사려는 사람들과 사업하는 것이 아닙니다. 우리가 믿는 것을 함께 믿는 사람들과 일을 하기 위해 이 사업을 하고 있습니다.

이 책은 그러한 관점에서 썼고, 마찬가지로 스타트업도 WHY-HOW-WHAT의 관점으로 접근했습니다. 이 논리적인 과정이 바로 비즈니스 모델의 시작이고, 경영의 시작이라고 생각합니다.

저는 스타트업 창업자들이 가장 궁금해하는 '투자자는 무슨 생각을 할까?'를 이야기하고 싶어 이 책을 쓰게 되었습니다. 투자자는 어떤 장표를 좋아하고, 어떤 질문을 던지며, 어떤 발표에 매력을 느끼는지에 대해 지난 10여 년간 현업에서 얻은 경험과 인사이트를 솔직히 담아냈습니다.

이 책이 창업자뿐만 아니라 스타트업에 관심 있는 모든 독자분들에게 유의미한 이야기이길 바랍니다.

끝으로, 이 책이 출간될 수 있게 물심양면 저를 도우며 2년여간의 방대한 자료 수집 및 연구 그리고 스타트업 평가를 위한 진단 모형을 공동개발 한, 이 책의 공동저자 이은영 실장님께 깊은 감사 인사를 전합니다.

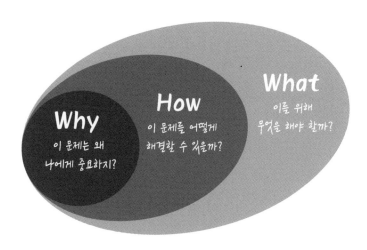

스타트업의 투자유치와 성공을 위해

투자자의 생각을 읽어라

초판 인쇄   2024년 5월 21일
초판 발행   2024년 5월 30일

지은이   전화성 이은영
책임편집   이도이
편집   김승욱 심재헌
디자인   조아름
마케팅   김도윤
브랜딩   함유지 함근아 고보미 박민재 김희숙
            박다솔 조다현 정승민 배진성
제작   강신은 김동욱 이순호
펴낸이   김승욱
펴낸곳   이콘출판(주)
출판등록   2003년 3월 12일 제406-2003-059호
주소   10881 경기도 파주시 회동길 455-3
전자우편   book@econbook.com
전화   031-8071-8677(편집부) 031-8071-8681(마케팅부)
팩스   031-8071-8672
ISBN   979-11-89318-55-0 03320